AF365290

الارتقاء بتجربة العملاء

مخططك لتحقيق التميز في تجربة العملاء

فرانك أردوريل

حقوق الطبع والنشر

الفهرس

الشكر

أثبتت الخبرة التي طورتها في ميدان التكنولوجيا الرقمية وتكنولوجيا التسويق بأنها لا تقدر بثمن. ومع ذلك، فإن رحلة صياغة كتاب عن التميز في تجربة العملاء قد فاقت توقعاتي. فأصبح إتقان الابتكار التكنولوجي ليس مجرد مهارة بل هو مفتاح حيوي لإطلاق إمكانيات لا نظير لها في مجال التخصيص وتحقيق التميز في تجربة العملاء (CX).

في هذا السياق، أعبر عن امتناني العميق لليلى فوريست-وايت على دورها في الكتاب كمدربة ومرشدة كتابية ولأليكساندر أردوريل على إسهامه الكبير في إنشاء الرسوم التوضيحية التي تكمل جوهر هذا الكتاب، ولإنجي عاطف على ترجمتها لهذا الكتاب إلى اللغة العربية. كما أود أن أعبر عن امتناني لكل من دعمني في هذه الرحلة الطويلة، مساهمين في تطوير خبرتي في مجال التسويق الرقمي.

كلمة التقديم

في الساحة التجارية المتغيرة باستمرار والتنافسية بشكل كبير، تبرز تجربة العملاء كقوة أساسية تميز الشركات. انضم إليّ في رحلة التسويق التحويلية حيث يكمن محط الاهتمام الرئيسي في تنمية وصقل سرور العملاء.

اكتشف في "الارتقاء بتجربة العملاء: مخططك لتحقيق التميز في تجربة العملاء" استراتيجيات عملية وأمثلة من الحياة الواقعية ودليلا تدريجيا خطوة بخطوة لغرس ثقافة مركزية العملاء. يتخطى هذا المخطط الشعور بالرضا، فهو يقدم إطار عمل قابل للتكيف، مصمما للتعامل مع ديناميكيات الأعمال الجديدة. كمسوّق، انتهز الفرصة لتحقيق تأثير دائم من خلال تحويل تفاعلات العملاء مع العلامة التجارية إلى تجارب لا تنسى. فهذا الكتاب لا يخص القادة فقط، بل هو مصدر لأي شخص ملتزم بتعزيز العلاقات الأصيلة والدائمة مع العملاء.

استعد لتكون مستلهمًا، ومواجهًا للتحديات، ومجهزاً بالأدوات لإحداث ثورة في تجربة العملاء الخاصة بك وأيضا في هيكل منظمتك. فالطريق نحو تحقيق التميز في تجربة العملاء يبدأ في هذه اللحظة.

المقدمة

انطلق في رحلة تحويلية في مجال التسويق أثناء تصفحك لـ "الارتقاء بتجربة العملاء: مخططك لتحقيق التميز في تجربة العملاء". في هذه الصفحات، يتم منحك مفاتيح لصياغة وتقديم تجربة عملاء لا نظير لها... و لكن ما الذي ينتظرك في الجهة الأخرى؟

تخيل ساحة تجارية حيث سعادة العميل ليست مجرد مقياس بل اتصال حقيقي. تصور عالم الأعمال حيث يترك كل تفاعل بين العملاء والعلامة التجارية بصمة إيجابية، مما يخلق مؤيدين مخلصين وليس عملاء وحسب. فهذه هي الوجهة التي تنتظر كل من يطبق مبادئ مركزية العملاء المثبتة والموضحة في هذا المخطط.

من خلال اتقان فن التميز في تجربة العملاء، فإنك لا تقوم فقط بتعزيز رضا العميل؛ ولكنك في الوقت ذاته تقوم بتعزيز علامتك التجارية وتعزيز الولاء والدعم الثابت وتشعل تأثيرًا متموجًا بسبب تناقل الأخبار الإيجابية. فتصبح منظمتك مرادفًا للخدمة التي لا نظير لها، وبذلك تضع المقياس الذهبي لصناعتك.

بينما تنهي الفصل الأخير، تصور مستقبلاً حيث تعتبر كل نقطة اتصال مع العملاء فرصة للسعادة، وحيث يُحتفى بعلامتك التجارية ليس فقط لمنتجاتها وخدماتها، وإنما أيضًا للتجربة الاستثنائية التي تقدمها. فإخلاصك في تحقيق التميز في تجربة العملاء لا يؤدي للنجاح فحسب، بل أيضا لإرث من العملاء الراضيين الذين يعودون مرارًا وتكرارًا. فيؤكد كل تفاعل من سمعتك كمركز للصدارة في الخدمة.

هل أنت مستعد للارتقاء بجوهر علامتك التجارية وليس فقط بتجربة العملاء الخاصة بك؟ فالرحلة تنتظر. اقلب الصفحة وابدأ الرحلة نحو تميز دائم في تجربة العملاء.

1. التكيف مع سلوكيات العميل المتطورة

إن ضرورة التحول الرقمي تجبر الشركات على إجراء تعديلات جوهرية في نماذج أعمالها، لتواكب تطور تفضيلات المستهلكين المعاصرين. فمطالب المستهلكين المتغيرة هي ما تدفع هذا التحول. ويسعى المستهلكون خلف تجارب متكاملة بسلاسة، والتي تتجاوز القيود الزمنية والجغرافية وتلك المتعلقة بالأجهزة. فيتم استخدام رحلتهم كقوة توجيهية لاستراتيجيات العلامات التجارية. لذلك يتعين على الشركات الاستفادة من التكنولوجيا ببراعة لتقديم تجارب عملاء فائقة الجودة والتي تلبي توقعات المستهلكين البارعين في أمور التكنولوجيا في وقتنا الحاضر.

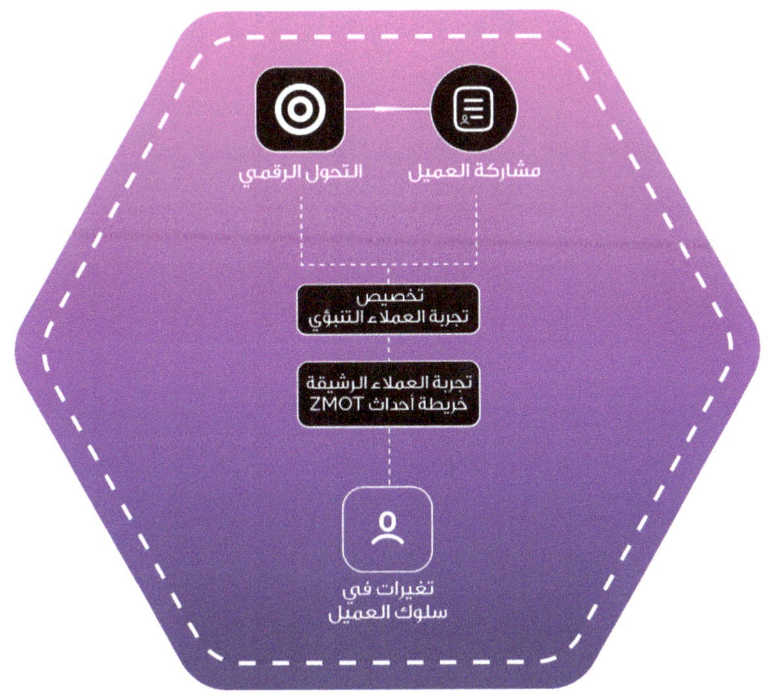

تشكل لحظة الصفر للحقيقة ZMOT مستقبل نموذج تجربة العملاء

1.1 تحديات فهم المستهلكين

شملت تجربة العملاء (CX) السابقة تفاعلات في المتجر، والبريد الالكتروني، وفي مكالمات مراكز الاتصال. ومع ذلك، نتج عن تكلفة النموذج التقليدي تقديم أنظمة الهاتف الآلي، بما في ذلك المجيب الصوتي التفاعلي IVR والخصائص الأساسية للدردشة على المواقع الالكترونية بغرض تحقيق التوسع. ولكن للأسف، قد أدى ذلك إلى تدني في مستوى خدمة العملاء. وبسبب الاعتماد على الحلول منخفضة التكلفة مثل أنظمة الهاتف الآلي والخصائص الأساسية للدردشة على المواقع الإلكترونية، فالتحول في تجربة العملاء التقليدية قد أدى، بدون قصد، إلى تدهور في جودة خدمة العملاء عمومًا. وظل السعي لتحقيق التوازن بين الكفاءة والحفاظ على اللمسة الشخصية تحدياً حيوياً في استكشاف مجال تجربة العملاء.

التحول الرقمي، بالرغم من تقديمه نسخة محسنة من قابلية التوسع وفعالية التكاليف، إلا إنه قد يؤدي أحيانا إلى انقطاع التواصل بين الشركات وعملائها. والتشغيل الآلي المقدم في هيئة أنظمة المجيب الصوتي التفاعلي (IVR) وخاصية الدردشة عبر الإنترنت، بالرغم من كفاءتهما في إدارة عدد ضخم من المكالمات والتفاعلات على الويب، إلا إنه قد ينتج عنهما وبشكل غير مقصود تجربة خدمة عملاء غير شخصية وأقل استجابة. فقد يجد المستهلكون أنفسهم يتنقلون بين قوائم هاتفية معقدة، أو يتفاعلون مع ربوتات الدردشة والتي تناضل بدورها لفهم استفساراتهم، مما يؤدي إلى ملاحظة التدني في جودة الخدمة.

كانت روبوتات الدردشة في بداية الأمر أساسية وأدت إلى إحباط العملاء، مما دفعهم في كثير من الأحيان إلى طلب المساعدة من عملاء بشر أو التخلي عن التفاعلات بأكملها. ومع تطور تفضيلات التواصل، أضافت الشركات قنوات مثل البريد الإلكتروني و تصفح الويب. أما في الوقت الحالي، فتعطي الشركات أولوية لتحديث منظماتها من خلال اعتماد التقنيات المستندة إلى السحابة و تنفيذ استراتيجيات رقمية جديدة لمشاركة العملاء. وهذا التحول يعيد تشكيل عمليات تجربة العملاء على مستوى المؤسسة، متماشيا مع توقعات العملاء لتفاعلات سلسة عبر مختلف القنوات. فكان على المنظمات نشر ودعم مجموعة واسعة من التقنيات والحلول الجديدة لمواكبة توقعات العملاء.

يؤكد التحول الرقمي على الحاجة إلى تحقيق التوازن بين الكفاءة و النهج المخصص لتوجه العملاء. يفسر المسوقون تطور رحلة العميل عن طريق مراجعة التعريفات والمفاهيم الحالية لتجربة العملاء، بهدف تحسين الإدارة وتحديد المجالات التي يمكن تحسين تجربة العملاء فيها. فيتطلب التحول الرقمي التوازن بين الكفاءة والنهج المخصص لتوجه العملاء، لضمان التفاعلات الإيجابية وتحقيق الرضا. فيكمن التحدي في استغلال التكنولوجيا دون المساس باللمسة الإنسانية الأساسية التي تميز الخدمة الاستثنائية.

تتجاوز رحلة المستهلك المتطورة النماذج التقليدية. فمع زيادة نقاط الاتصال، أصبحت الرحلات الخطّية غير مجدية، مما يؤدي إلى تجارب عملاء معقدة. فيمكن أن يشعر العميل أن تفاعلات ما بعد الشراء صارت مفككة وغير مترابطة، مع وجود تحديات في الوصول إلى الدعم وطلبات متكررة للحصول على المعلومات. أما في عصر التحول الرقمي، فيعد استكشاف رحلة العميل التي تقودها التجربة أمرا حاسما لتقديم خدمة عملاء رائدة.

في هذه الساحة المتطورة، يقوم التحول الرقمي بنقلة نوعية، حيث من المتوقع أن تصل أجهزة إنترنت الأشياء IoT المتصلة بالإنترنت إلى 30٬9 مليار وحدة بحلول عام 2025 متجاوزة عدد السكان العالمي المقدر بنحو 7٬8 مليار نسمة في عام 2023. ويؤكد هذه الاندفاع القوي على الآثار العميقة للتحول الرقمي، حيث يعيد تشكيل الأسس ويقدم حلولاً مبتكرة لتقديم تجارب ثابتة عبر الأجهزة المحمولة المتنوعة. لذلك يجب على المسوقين الاستفادة من هذا التطور. فمع توسع العالم الرقمي، سيصبح توفير تجارب مخصصة وسلسة عبر أجهزة إنترنت الأشياء أمراً أساسياً.

تعد صياغة تجربة تتمحور حول العميل أمر بالغ الأهمية لنجاح المؤسسات ونموها. ومع ذلك، فتلبية توقعات العملاء لا تزال تشكل تحدياً. فالفجوة المستمرة بين تجارب العملاء المدركة والفعلّية قد استمرت لما يقرب من عقدين من الزمان، حسبما أظهرت الدراسات من عام 2005 إلى عام 2022[1]، مما يظهر تضارب مثير للقلق بنسبة 76%. فمن خلال الاستفادة من رؤى تجربة العملاء باستخدام استراتيجية تجربة العملاء القائمة على البيانات، بما في

---

[1] Hanover Research: Guide To Customer Experience Measurement

ذلك إطار القياس، تتمكن المنظمات من تحديد المجالات التي تفتقر فيها التجارب وتحديد المسارات لإسعاد العملاء، و بالتالي تعزيز النمو وسد الفجوة القائمة بين الإدراك والواقع.

إن تصدر الشركات في مجال الابتكار التكنولوجي يمكّنها من تقييم دور تجربة العملاء بشكل استراتيجي ورفع مستواها، مما يرفع من مستوى معايير تجربة العملاء. فتبنّي التقنيات الحديثة يوفر رؤى لفهم التفاعلات، وتحديد نقاط الألم أو المشكلات التي تواجه العملاء، وتعزيز الرضا العام. ويمكن باستخدام الذكاء الاصطناعي وتعلم الآلة والواقع المعزز والواقع الافتراضي تنفيذ استراتيجيات قائمة على البيانات، مما يضمن التكيف مع التوقعات المتطورة. يسمح هذا النهج الاستباقي للشركات بالبقاء في المقدمة من خلال تحسين رحلة المستهلك بناءا على أحدث الاتجاهات التكنولوجية.

تعتبر تسلا (Tesla) وأمازون (Amazon) أمثلة بارزة على التحديث الناجح في مختلف الصناعات. فجهود تسلا الرائدة في مجال السيارات الكهربائية والابتكارات في تكنولوجيا البطاريات والقيادة الذاتية تظهر التكامل التقني السلس، مما يضع معايير جديدة للاستدامة. وفي تلك الأثناء، تطور أمازون من متجر للكتب عبر الإنترنت إلى منصة تجارة إلكترونية شاملة يظهر التحديث الناجح في مجال التجزئة، مستفيداً من الذكاء الاصطناعي لتقديم توصيات للمنتجات المخصصة. تمثل هذه الشركات القوة التحويلية للبقاء في طليعة التكنولوجيا في قطاعات كل منهم.

تضع الشركات الناجحة احتياجات العميل في المقام الأول، من خلال اتقان مبادئ تجربة العملاء لتسهيل تنقلهم عبر رحلة المستهلك الديناميكية بكفاءة. يعتبر فهم سلوك جيل Z وجيل الألفية، والذي يمثل القاعدة الجديدة للعملاء، أمراً حيويا في العالم الرقمي. فقد أصبح استغلال التحول الرقمي لتحقيق اتصالات فعالة للعلامة التجارية، وتحقيق النمو وزيادة الربحية أمرا حيوياً. كما أصبحت الريادة في التحول الرقمي ضرورة استراتيجية لتقديم تجربة عملاء استثنائية. ومع تكيّف التجار والعلامات التجارية، يصبح السؤال الحيوي هو: مع وجود حرية التغيير، ما هي الاجراءات التحويلية التي ستعيد تعريف مستقبل مشاركة العملاء؟

1.2 إتقان لحظات الحقيقة

من أجل التفوق في بيئة الأعمال الحالية، يجب على الشركات تحقيق عائد إيجابي للمستثمرين. وتؤكد هذه الضرورة الحتمية على العلاقة المتبادلة بين تحقيق التميز في تجربة العملاء وتعزيز النجاح للشركات والمستثمرين والعملاء. فقد أصبح وضع العميل في صميم كل عملية تجارية أمرًا غير قابل للتفاوض، خصوصًا في عصر التحول الرقمي. ومع ذلك، فقد أدت الزيادة الهائلة في نقاط التواصل بين العميل والعلامة التجارية إلى تعقيد الأمور للشركات التي تحتاج إلى إدارة تجربة العميل بكفاءة وبتكلفة فعالة، وذلك للحفاظ على التنافسية في مجالها. لهذا فإن دمج التميز في تجربة العملاء في استراتيجية الأعمال الأساسية هو ما يميز الشركات الناجحة عن غيرها.

أصبح من الضروري الإقرار بتأثير التحول الرقمي المحتمل على صناعتك وإدراك أن توقعات العملاء تظل أمرًا أساسيًا في كل تفاعل مع العلامة التجارية. وتنكشف تجربة العميل عبر نقاط الاتصال. سواء عبر الانترنت أو في المتجر، فيمكن أن يؤثر كل تفاعل تجاري بشكل ملحوظ على سمعة العلامة التجارية في نظر العملاء، وبالتالي يؤثر على التوصيات المحتملة للأهل والأصدقاء. ثم بعد ذلك، فتحسين كل خطوة من رحلة العميل، من مرحلة التوعية إلى ما بعد الشراء، يحول كل تفاعل مع العلامة التجارية إلى فرصة لتقديم قيمة وكسب ولاء العملاء.

ومع ذلك، فقد حولت الثورة الرقمية سلوك العملاء، مع إعادة تشكيل صنع القرار لديهم. فلقد انتقلنا من مرحلة "لحظة الصدق" التقليدية داخل المتجر إلى نموذج عصري عبر الإنترنت والذي يشار إليه ب "لحظة الصفر للحقيقة" (ZMOT) [2].فقد حظى مفهوم "لحظة الصفر للحقيقة" على أهمية بالغة في سوق العمل الحديث، وذلك لأنه يمثل مرحلة حرجة في عملية صنع القرار لدى العميل، وخصوصا عندما يقومون بالبحث بشكل نشط وجمع

---

[2] CART.COM: DataFeedWatch Blog: What is ZMOT and How to Optimize Your Sales for it 7 Ways? - 2024

المعلومات عن منتج أو خدمة أو علامة تجارية قبل اتخاذ القرار النهائي بالشراء.

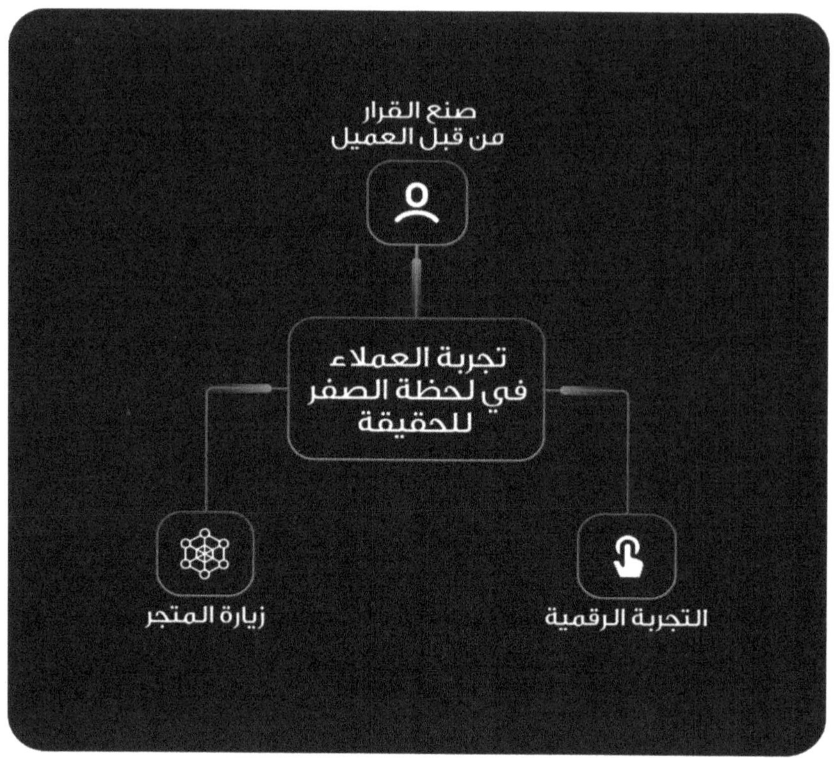

نموذج لحظة الصفر للحقيقة

يمكن ملاحظة التفاعل الديناميكي بين ZMOT (لحظة الصفر للحقيقة) وCX (تجربة العميل) في كيفية تأثير لحظة الصفر للحقيقة على تصورات العملاء قبل التفاعل المباشر. خلال مرحلة البحث الأولى عبر الإنترنت، تؤثر لحظة الصفر للحقيقة بشكل كبير على التوقعات، مما يؤثر على استجابة العلامة التجارية وصلتها وجودة معلوماتها. يتنقل المسوّقون بشكل استراتيجي عبر نقاط الاتصال للحظة الصفر للحقيقة مستخدمين تحليلات البيانات لفهم السلوك وتعديل استراتيجيات تجربة العملاء. يعزز التعامل الفعال مع ZMOT رحلة المستهلك، عن طريق تحقيق تجربة إيجابية من نقطة الاتصال الأولى وحتى تفاعلات ما بعد الشراء.

يعتبر تجاوز لحظة الصفر للحقيقة ZMOT تحدياً معقداً. فيجب على المسوقين فهم

التفاعل بشكل استراتيجي بين نقاط الاتصال، والقنوات الرقمية، والفعاليات داخل المتجر، وتطور سلوك المستهلكين. تضيف لحظة الصفر للحقيقة تعقيداً، حيث إنها تسبق زيارات العملاء أو التفاعلات المباشرة مع المنتجات، مما يتطلب من المسوقين فهم ديناميكيات معقدة في العصر الرقمي. بفضل المعلومات عبر الإنترنت، يقوم المستهلكون باتخاذ قرارات فورية بالشراء عقب العثور على المنتج المطلوب.

يحدد المسوقون نقاط الاتصال للحظة الصفر للحقيقة على المنصات الإلكترونية، والتقييمات، ووسائل التواصل الاجتماعي لفهم رحلة المستهلكين الحديثة. باستخدام تحليلات البيانات، يكتسبون فهمًا لسلوك المستلهكين، ويحللون الأنماط والاتجاهات لتعديل استراتيجيات تجربة العملاء والتي تتماشى مع توقعات العملاء. يعد استخدام المراقبة المستمرة والتكيف مع التحولات في سلوك المستهلكين أمرًا حيويًا لفهم تعقيدات الساحة الرقمية المتغيرة باستمرار. لذلك، تعتبر الرؤى المستمدة من ZMOT مفتاحا لفك شفرة رحلة المستهلك.

تبرز الشركات التي تتبع مفهوم ZMOT مع استراتيجيات قائمة على البيانات وتوجه العملاء كقادة سوق في الاقتصاد الديناميكي الفوري. فهم لا يكتفون فقط بالتكيف بل يتوقعون أيضاً تغيرات السلوك الرقمي، التي تؤدي إلى تحولات جذرية من شأنها نعطيل الصناعات. وبينما تشهد بعض القطاعات انخفاضًا في الإيرادات ونمو الأرباح بسبب هذا التطور الرقمي، تستفيد قطاعات أخرى من فوائده الهائلة. تتبوأ الشركات التي تستثمر بشكل استراتيجي في التحول الرقمي، وتكنولوجيا التسويق المتقدمة، وتكنولوجيا الإعلان، باستخدام التكنولوجيا الحديثة، مكانة الفائزين الرئيسيين في عالم العملاء المتصل بشكل فائق، ومستعدة لتقديم تجارب عملاء استثنائية من خلال الرؤية المستقبلية والنهج الفعّال.

تظهر سبوتيفاي Spotify وإير بي إن بي Airbnb كنموذجين للنهج المتطلع للمستقبل، حيث قامتا بمراجعة رحلة العملاء التحويلية لديهما بشكل منهجي، وتحديد نقاط الألم الرئيسية لتحسين تجربة العملاء. فقد قام رواد هذه الصناعات بإعداد تطبيقات خالية من العيوب بعناية

شديدة، وبالاستفادة من التقنيات المتقدمة لتلبية احتياجات العملاء. سبوتيفاي[3] Spotify، ذلك التطبيق لبث الموسيقى والذي يتباهى بالملايين من مستخدميه، قد تخطى القيمة التجارية لصناعة التسجيل الأمريكية بأكملها بمبلغ 5،8 مليار دولار. وعلى نحو مماثل، فقد قامت إير بي إن بي بإعادة تعريف ساحة التأجير للعطلات، مغيرة جذريًا كيفية حصول الأشخاص على إقاماتهم بالعطلات. فهذه الشركات لا تكتفي فقط بالإقرار بأهمية التحول الرقمي وكونه فرصة لتلبية بل ولتخطي توقعات عملاء الوقت الحاضر الواعيين، ولكنها أيضاً تبحث عن فرص لإضافة القيمة لرحلة المستهلك.

في العصر الحالي، وصلت توقعات العملاء إلى مستويات متصاعدة، مما يؤكد على ضرورة توفير خدمات تتسم بالشفافية، والأصالة، والراحة، وسهولة البلوغ، والتكلفة المعقولة، والالتزام الثابت بالتميز الشامل في المنتجات والخدمات. أصبح إعطاء الأولوية للخدمات المخصصة أمرًا أساسيًا، مما يعكس القدرة الهائلة التي يضعها العملاء على التمييز. جعل هذا المعيار المرتفع التفاعلات الوطيدة بين العميل والعلامة التجارية أمرًا معتادًا، مما يؤثر بشكل كبير على كيفية نظر العملاء للعلامات التجارية والخدمات. ونتيجة لذلك، ينتقل العملاء ببراعة في الاقتصاد حسب الطلب المعاصر، مستفيدين من مزياه.

قد أحدث التحول الرقمي ثورة في تفاعل العملاء مع العلامات التجارية، معززاً "اقتصاد العمل الحر" والمعروف أيضاً ب "الاقتصاد التشاركي" الذي يتميز بتقديم السلع والخدمات من خلال منصات رقمية بدقة في التوقيت. فالاستفادة من أدوات الذكاء الاصطناعي والتحليلات أمرًا حيويًا لكشف أحداث لحظة الصفر للحقيقة ZMOT وذلك لفهم رحلة المستهلك المعاصر بطريقة شاملة. يمكّن هذا النهج الشركات من تقصّي سلوك العميل وتفضيلاته وعاداته، كاشفة عن فرص وأنماط خفية. ومع التسلح بهذه المعرفة، يتمكن المسوقون من صنع رحلات سلسة وتصميم تطبيقات رقمية سهلة الاستخدام من أجل الحصول على تجارب مخصصة. حيث يتم تنقيح استراتيجيات وتوقع تفضيلات العملاء من خلال استخدام البيانات في صنع القرارات، مما يعزز الولاء والدعم للعلامات التجارية.

---

[3] THE WALL STREET JOURNAL: Spotify Dominates Audio Streaming but Where Are the Profits - 2024

1.3 التحليلات التنبؤية للمشاركة

تمكّن التحليلات التنبؤية العلامات التجارية من توقع تصرفات العملاء، وتغيرات السوق والتحولات الاقتصادية. فهي تتجاوز التأثير المباشر على العميل، وتقوم بمعالجة مسائل مثل عطل الآلات ونقص المنتجات، وبذلك تُحسن من التجربة الكلية للعميل. أحدثت تجربة العملاء التنبؤية ثورة في مجال مشاركة العملاء، عن طريق التنبؤ باحتياجات العملاء وتحليل سلوكهم لتوقع تفضيلاتهم في الوقت الفعلى. فالتحليلات التنبؤية تتجاوز التفاعلية، عن طريق تعزيز تفاعلات ديناميكية بين العملاء والعلامة التجارية وذلك لبناء علاقات قوية بينهم و لتحقيق نجاح تجاري طويل الأمد.

تمكّن التجارب المتوقعة العلامات التجارية من التفاعل مع العملاء بشكل استباقي عن طريق تقديم محتوى ملائم ورسائل مخصصة وتوصيات للمنتج في الوقت والسياق المناسبين. فمن خلال تحديد الأنماط والاتجاهات في تفاعلات العميل، تكتسب الشركات فهم أدق لاحتياجاتهم. فدمج خوارزميات الذكاء الاصطناعي وتعلم الآلة لا يُسهم فحسب في مراقبة تجارب العملاء ولكنه أيضاً يُمكّن من أتمتة التفاعلات المخصصة، مما يخلق عملية مشاركة سلسة وسريعة الاستجابة. يبني هذا المستوى من المشاركة الاستباقية روابط أقوى بين المستهلكين والعلامات التجارية. فعندما تزيد الشركات من استفادتها من تجربة العملاء التنبؤية، فإنها تضع نفسها في مركز الصدارة وسط سوق تنافسي.

فبدلًا من الاعتماد على العملاء لبدء التفاعلات أو البحث عن المنتجات، يمكن للعلامات التجارية تولي زمام الأمور من خلال تقديم محتوى مناسب وفي وقت ملائم وكذلك عروض للمنتجات ورسائل مخصصة. وعلى سبيل المثال، فإن منصة التجارة الإلكترونية التي تعمل بتقنية الذكاء الاصطناعي والمتكاملة مع تقنية السياج الجغرافي Geofencing تقوم بتحليل سلوك العميل مثل البحث عن معاطف شتوية والتحقق من توقعات الطقس. فيتوقع التحليل التنبؤي هذا اهتماماً محتملاً بشراء معطف شتوي، مما يمكن المنصة من تقديم توصيات مفصلة، بما في ذلك خيارات النمط، وتوفر المقاسات وذلك قبل أن يبدأ المستهلك بالبحث الفعلي على المعاطف.

إن تجربة العملاء التنبؤية المدعمة بتقنية الذكاء الاصطناعي تقوم بتحويل التسويق الحديث وتجربة العملاء؛ فأداء برنامج التخصيص الاستثنائي ل نتفليكس Netflix يظهر الأثر التحويلي للتحليلات التنبؤية على التسويق المعاصر وتجربة العملاء. فمن خلال استخدام خوارزميات الذكاء الاصطناعي وتعلم الآلة تقوم نتفليكس بتحليل سجل مشاهدات المستخدم، وعاداته، وتقييماته وذلك لتوقع البرامج والأفلام الممتعة بالنسبة له. تقوم هذه التوصيات المخصصة على صفحة المستخدم الرئيسية بإبقائه منشغلا، مما يؤدي إلي جلسات مشاهدة أطول وتعزيز الشعور بالرضا وإبقاء الخدمة. وبذلك تساهم قدرة نتفليكس على توقع تفضيلات المستخدم في نجاحها في صناعة البث التنافسية.

تجربة العملاء التنبؤية المدعومة بالذكاء الاصطناعي

يعتبر التخصص والتجربة التنبؤية عنصرين أساسيين في تعزيز تجربة العملاء بشكل كبير من خلال وضع العميل في صميم العمليات التجارية. يستلزم التخصيص تصميم منتجات

وخدمات وتفاعلات وفقًا لتفضيلات كل فرد. فمن خلال تحليلات البيانات المتقدمة تكتسب الشركات رؤى عن سلوكيات العميل وتبني خوارزميات تعلم الآلة لتقوم بتوصيل تجارب مفصلة بدقة شديدة. يقوم المسوقون بالاستفادة من رؤى البيانات لتوقع احتياجات العميل في الوقت الفعلي. فمن خلال التفاعل مع هذه الاحتياجات بشكل استباقي، تقوم العلامات التجارية بتوفير تواصل ملائم وفي الوقت المناسب، مما يؤثر على رحلة المستهلك بشكل بديهي. يضمن هذا النهج الديناميكي أن التفاعل مع كل عميل يتم تخصيصه وتوقعه مما يرفع بثبات من تجربة العميل الكلية.

تعتمد فعالية تجربة العملاء التنبؤية على بيانات عالية الجودة سواء كانت البيانات من الطرف الأول أو من الطرف الثالث. فجمع البيانات من الطرف الأول خصوصا، بما في ذلك معلومات التعريف الشخصية (PII)، يمكّن الشركات من توظيف نماذج حتمية، مما يعزز من تجربة العملاء ويزيد من احتمالية التحويل. تسجل معلومات التعريف الشخصية مثل البريد الإلكتروني وأرقام الهواتف عهدًا جديدًا، حيث أصبحت بيانات الطرف الأول حيوية لكونها تطبق استرتيجيات تسويقية تعتمد على الأشخاص مما يؤدي إلى الارتقاء بمشاركة العميل.

تشدد الشركات على جمع معلومات شخصية حتى تتمكن من بناء نماذج عمل حتمية لصنع توقعات علمية ومدروسة. تفترض النماذج الحتمية المعتمدة على البيانات المنظمة أن المدخلات المتغيرة تحدد الناتج بالكامل. ومع ذلك، فالتحول إلى استخدام نماذج احتمالية يقدم مميزات في التعامل مع فئة أوسع من أنواع البيانات وتوفير توزيع احتمالي للنواتج. لكن على العكس من النماذج الحتمية، فالنماذج الاحتمالية تحتمل العشوائية والشك في توقعاتها. بينما يستفيد كلا النموذجين من مصادر عدة للبيانات، يعتمد النهج الحتمي على علاقات محددة بين المتغيرات، مما يضمن ثبات عالي في توقعاته.

ففي كل القطاعات، تحدث التحليلات التنبؤية في تجربة العملاء ثورة في تجربة العميل من خلال التنبؤ الدقيق لتغيرات المستهلك وسلوكياته. فإلى جانب تعزيز الاحتفاظ بالعملاء وتحقيق إيرادات عن طريق التسويق المستهدِف والعروض المخصصة، فهي تقوم بتحويل المبيعات التقليدية والنهج التسويقية من خلال زيادة الإنفاق على وسائل الإعلام، والحصول

على رؤى أعمق للعملاء وخدمة العملاء القيميين بشكل أفضل. وتقوم فرق التسويق الحديثة المعتمدة على البيانات بتحسين حزم تكنولوجيا التسويق وتكنولوجيا الإعلان لتنفيذ حملات البريد الإلكتروني والإعلانات وتطبيق استراتيجيات عبر كل القنوات وتوظيف برامج التخصيص.

تعتبر تكنولوجيا التسويق وتكنولوجيا الإعلان أمرين حيويين لتحقيق تجربة العملاء. فتتضمن تكنولوجيا التسويق تقنيات من شأنها تمكين المسوقين بأدوات للتحليل والأتمتة وتبسيط عمليات التسويق وتسهيل الحملات المستهدفة. فتكنولوجيا التسويق تمكّن التسويق المعتمد على الأفراد من خلال تحليل البيانات وتقسيم العملاء والأتمتة. أما تكنولوجيا الإعلان، فهي تحسن من استراتيجيات الإعلان من خلال الشراء الإعلاني المبرمج ووضع الإعلانات المستهدفة، مما يضمن إعلانات مخصصة وذات صلة بالسياق. فالتكامل السلس لتكنولوجيا التسويق وتكنولوجيا الإعلان يسمح بتمكين نهج متماسك معتمد على البيانات، مما يسمح للمسوقين بفهم سلوكيات المستهلك وتقديم تجارب مخصصة وفي الوقت الفعلي، مما يؤدي في النهاية إلى التميز في تجربة العملاء.

لقد أصبحت الإحترافية في إدارة البيانات أمرًا حيويًا لإطلاق الإمكانيات الكاملة للتجارب التنبؤية وتحقيق التخصيص الفائق. وتوسع هذه الخبرة المبادرات التسويقية من خلال التنبؤ الدقيق بسلوكيات العملاء وتوسيع نطاق السوق وتقوية صدى العلامة التجارية. واستخدام رؤى البيانات بشكل استراتيجي، بما في ذلك معلومات التعريف الشخصية (PII)، يمكّن العلامات التجارية من تحديد جماهير جديدة مشابهة والحفاظ على التواصل المخصص. ويعتبر إتقان البيانات هو الركيزة الأساسية لتحسين جهود التسويق في بيئة أعمال شديدة التنافسية، فهو يكمل بسلاسة تكنولوجيا التسويق وتكنولوجيا الإعلان للحصول على نهج شامل لتجربة العملاء.

صعود التسويق القائم على البيانات قد أحدث ثورة في الساحة التجارية، رافعاً بتجربة العملاء إلى عنان السماء. ويمكّن هذا التوجه المبني على التكنولوجيا المسوقين بمعلومات

موثوقة، مستبدلا الإفتراضات بآراء بيانات دقيقة عن جمهورهم. يشير بحث سيلزفورس[4] Salesforce إلى تحول ملحوظ نحو "التخصيص القائم على البيانات" حيث يتوقع 66% من المستهلكين أن تفهم الشركات احتياجاتهم الفريدة، بينما يتوقع 52% منهم عروضا مصممة خصيصا لهم. وفي ظل الاعتراف بعدم كفاية الاستراتيجيات العامة، يستفيد المسوقون الحديثون الآن من البيانات وعلم السلوك لتمييز رغبات المستهلك بدقة، مما يؤدي إلى تقديم تجارب تسويقية مستهدفة وملائمة.

1.4 التخصيص الحديث

يتوقع المشترون المعاصرون من المنظمات أن تعاملهم كأفراد فريدة وتتعرف عليهم بالاسم وتفهم تاريخ مشترياتهم وتقدم لهم توصيات للمنتجات بناءًا على مشترياتهم السابقة. وفقا لاكسنتشر[5] Accenture ، 75% من المستهلكين هم أكثر عرضة للشراء من الشركة التي تلبي هذه التوقعات. وأهم من ذلك، فلقد أظهر المستهلكون استعدادا ورضا لاستخدام المنظمات بياناتهم لتحسين تجربة التسوق. مع تزايد تأثير المستهلكين في تشكيل هذه التوقعات، يجب على المنظمات التكيف مع تطور سلوكيات المستهلك وتفضيلاته للحفاظ على التنافسية في مجالها وتعزيز علاقات طويلة الأمد. ويعتبر استعداد المستهلكين لمنح المنظمات القدرة على الاستفادة من بياناتهم لتحسين تجربة التسوق هو تحول ملحوظ في سلوكهم. وهذا يشير إلى اعتراف متزايد بين المستهلكين بالقيمة التي تجلبها التفاعلات المخصصة القائمة على البيانات لمشاركتهم الكلية مع المنتجات والخدمات وأخيرًا العلامات التجارية. فالثقة المتزايدة في المنظمات لاستخدام البيانات بمسؤولية تعكس ساحة متغيرة حيث يشترك العملاء بنشاط في تشكيل وتحسين تجاربهم الخاصة، متوقعين تفاعلات أكثر تصميما وملائمة مع العلامات التجارية.

كلما نتعمق في الأهمية القصوى لإسعاد العملاء، يصبح من الجليّ أن تجاوز رضا

---

[4] Salesforce Customer Engagement Research 2022
[5] Accenture: NEWSROOM: Widening Gap Between Consumer Expectations and Reality in Personalization Signals Warning for Brands, Accenture Interactive Research Finds - 2023

العملاء التقليدي هو أمرًا ضروريًا في الاقتصاد حسب الطلب المعاصر. فتحديد وتعزيز العوامل الأكثر قيمة من قبل العملاء يؤثر بشكل مباشر على العلاقات معهم. حيث أن العملاء الذين يتمتعون بجودة عالية في تفاعلاتهم هم الأكثر استعدادا للحفاظ على العلاقات التجارية المستمرة مع العلامة التجارية. وأثبت الاستثمار الاستراتيجي في آراء العملاء قيمته؛ فالمنظمات التي تستفيد من هذه الآراء هي الأكثر احتمالية لجذب عملاء جدد 23 مرة[6] أكثر من غيرهم. وعلاوة على ذلك، 58% من المنظمات التي تدمج تحليلات العملاء في عملياتها لاحظت زيادة في معدلات الاستبقاء وتعزيز ولاء العملاء بشكل أقوى.

تعد تجربة خدمة العملاء واحدة من أكثر التفاعلات حيوية بالنسبة لأي شركة، فهي فرصة واضحة وحاضرة لتقوية العلاقات. كما يعد دعم العملاء فرصة إما لنجاح أو فشل أي علامة تجارية. فمع كل تفاعل عبر أي قناة اتصال، تعد تجربة الخدمة فرصة لزيادة قيمة خدمة العملاء وتحسين النواتج التجارية. تعمل المنظمات المتطلعة للأمام على زرع تبادل القيم مع كل عميل، وتقديم حلول للمشاكل في المقابل. ومع ذلك، فإن أهمية خدمة العملاء في تشكيل النواتج التجارية تعتبر أمرًا حيويًا في إسعاد العملاء. فهي عامل حاسم في التأثير على قرارات العملاء في التفاعل مع الشركة.

إن ووترآيد WaterAid، وهي منظمة دولية غير ربحية مقرها المملكة المتحدة، تركز على توفير المياه والصرف الصحي والنظافة عالميا. ومن خلال استخدامها لموقع إلكتروني لطلب التبرعات من أجل مشاريعها، أدركت أهمية تخصيص الموقع من أجل خدمة الزوار بشكل أفضل. بالتعاون مع أكويا Acquia، حولت ووترآيد موقعها لتجربة مخصصة ومتكاملة. فالنسخة المحدّثة قد سهلت اختبار A/B أو اختبار الانقسام وتحسين صفحة التبرع وتقسيم الفئات، وتخصيص المحتوى والفعاليات. يضمن هذا الإصلاح الاستراتيجي مستوى عالي من الدقة في التسويق وتحسين مشاركة العملاء والخدمة بشكل كلي، مما يتماشى مع التزام ووترآيد بتقديم حلول فعالة.

في العصر الرقمي، يعتبر تحسين ملف العميل أمرًا أساسيًا، مع التركيز على جمع

---

[6] Hanover Research: Guide To Customer Experience Measurement, 2022

البيانات وتجميعها من خلال تكنولوجيا متطورة مثل منصات بيانات العملاء (CDPs). هذه البيانات الموحدة تعود بفوائد على جميع أقسام الشركة التي تشارك في التفاعلات المباشرة أو حتى غير المباشرة مع العملاء. يبرز الملف الشامل والمحدّث للعميل كأداة قوية، حيث يوفر الوصول الفوري لنوايا العملاء وسجل مشترياتهم وتفضيلاتهم في الدفع. وبفضل تحليل هذه المعلومات القيمة على الفور، يتم تقليل الاحتكاك أثناء تفاعل العملاء، مما يرفع من تجربة العملاء الكلية.

استطاعت أكور Accor الرائدة في مجال الضيافة العالمية والتي تمتلك 5300 فندق في 110 دولة و40 علامة تجارية مواجهة ثلاث تحديات أساسية: توحيد المعلومات من مصادر متنوعة، وتعزيز "ثقافة البيانات" في جميع أنحاء الشركة والاستعداد لاتجاهات التكنولوجيا الناشئة مثل الذكاء الاصطناعي. وتضمّن الحل تطبيق منصة بيانات العملاء CDP وتكنولوجيا الذكاء الاصطناعي لإنشاء رؤية موحدة للعملاء يمكن الوصول إليها من قِبِل فرق التسويق. أعطت الشركة الأولوية لخصوصية البيانات وإدارتها أثناء هذا التحول، مرسخة الفكر القائم على البيانات. وأصبح سوق البيانات المركزي الخاص ب أكور الآن يمكّن المسوقين، حيث يقوم بجمع بيانات العملاء وربطها في الوقت الفعلي. ويظهر التأثير بوضوح؛ حيث يمكنه تقديم تجارب عملاء مخصصة.

إن الناتج من اعتماد استراتيجيات تجربة العملاء وإعطاء الأولوية للتخصيص، استجابةً لاحتياجات العملاء، هو تحسين تحويلي لسعادة العملاء وتعزيز للعلاقات الدائمة التي تتجاوز التفاعلات التقليدية. فمن خلال تصميم تجارب وفقا لتفضيلات الأفراد، لا تلبي الشركات توقعات العملاء فقط ولكنها أيضا تنشئ اتصالات عاطفية، مما يرفع من مكانة علامتها التجارية وتعزيز دعم عملائها. يعزز هذا النهج الموجه للعملاء المبيعات الفورية والتحويلات ويمكّن الشركات من تحقيق النجاح المستمر في ظل سوق تنافسي، حيث تعتبر قاعدة العملاء الوفيه والسعيدة من الأصول القوية والفعّالة.

في مواجهة عدم اليقين الاقتصادي، يجب على العلامات التجارية إعادة تقييم استراتيجيتها في تجربة العملاء للحصول على عملية حفظ وجذب فعالة. فإعطاء الأولوية لتجربة عملاء استثنائية يعد أمرًا حاسما للحفاظ على العملاء الحاليين وجذب عملاء جدد.

ولتحقيق زيادة في الأعمال المتكررة ولجذب عملاء جدد، يتطلب الأمر مشاركة استباقية عبر القنوات المفضلة وتعزيز التفاعلات المخصصة لبناء علاقات دائمة. ويؤكد التحول الرقمي المتسارع الناتج عن الجائحة على أهمية تقديم تجارب رقمية مخصصة باستمرار كعنصر أساسي في استراتيجية الأعمال المعاصرة.

سوف يلعب التخصيص دورًا حيويًا في إسعاد العملاء في مستقبل تجربة العملاء. وستُمكّن التقنيات المتقدمة مثل الذكاء الاصطناعي وتعلم الآلة الشركات من اكتساب رؤي عميقة لتفضيلات العملاء، مما يسمح بتقديم منتجات وخدمات مفصلة خصيصا لهم. فيقوم هذا الدمج السلس بين التكنولوجيا والتعاطف، من التحليلات التنبؤية إلى التوصيات المخصصة، بتعزيز سعادة العملاء وولائهم وتوفير ميزة تنافسية في السوق. إنه ليس مجرد اتجاه ولكنه ضرورة استراتيجية للشركات والقادة الذين يتبنون الساحة الديناميكية لتوجه العملاء.

1.5 خريطة الرحلة للتجربة

لقد قام التحول الرقمي بإعادة تشكيل المشهد الخاص برحلات العملاء بطريقة تفوق التوقعات وذلك منذ سنوات قليلة فقط. مع تقديم العديد من الخيارات للمستهلكين الآن، تواجه النُهج التقليدية للتسويق والمبيعات تحديات في إقامة اتصالات ذات مغزى. وسط هذا المشهد المتطور، تظهر خريطة رحلة العميل كأداة استراتيجية، تقدم رؤى شاملة في عملية شراء العملاء المتطورة. على الرغم من أن تحديد احتياجات العملاء ومشاكلهم وتفاعلاتهم مع شركتك قد يبدو أمرًا مربكًا، إلا أنه ضروري لتحويل رؤى الشركات إلى استراتيجيات تطوير طويلة الأمد. فمن خلال تسخير هذه الفهم الجديد، يمكن للشركات السير نحو استراتيجيات تواصل محسّنة مصممة لمعالجة الاحتياجات الديناميكية لعملائها طوال رحلتهم.

تروي خرائط رحلة العملاء رحلة العميل من البداية إلى النهاية، مقدمة رؤى حاسمة حول التفاعلات ونقاط الاتصال. وتحدد أدوات الخريطة كل مرحلة، مما يوفر رؤى عميقة حول سلوكيات العملاء. تضمن هذه الجهود المستندة إلى البحث وبيانات العملاء دقة في

التقاط تجربة العميل. يقوم تصوّر الرحلة بتوجيه التحسينات الاستراتيجية عبر عروض المنتجات والتجارب واستراتيجيات التسويق.

إن تربوتاكس[7] (TurboTax)، وهي برمجية شهيرة في إعداد الضرائب عبر الإنترنت، قد أخذت على عاتقها محاولة رسم خريطة رحلة العميل باستراتيجية بالتزامن مع إطلاق أحدث عروضها، Personal Pro. فمن خلال توظيف نهج متعدد الأوجه يشتمل على تحليلات البيانات واستطلاعات ردود فعل العملاء واستشارات الخبراء، حصل فريق TurboTax على رؤى عميقة في الدمج السلس للمنتج الجديد في روتينات المستخدمين. فتوفر مبادرة رسم الخريطة الدقيقة هذه رؤية لا تقدر بثمن في نقاط ألم كل عميل، مما يمكن الفريق من التعامل مع هذه التحديات استراتيجيًا. ونتيجة لذلك، ترتقي هذه الجهود المنسقة بتجربة العميل كليًا وتزيد من مستوى الرضا.

يتطلب رسم خريطة رحلة العميل تخطيط دقيق ليناسب السمات الفريدة لعملائك. أولاً، يجب عليك صياغة الشخصيات الشرائية من خلال بحث السوق لفهم أهداف العميل وتفضيلاته. ثم، يتعين عليك تحليل التفاعلات مع علامتك التجارية لتحديد نقاط الاتصال والإجراءات على طول الرحلة، محددًا فرص المشاركة والإجراءات اللازمة لتحسين التفاعلات الصغيرة. بعد تحليل الخريطة لمعالجة نقاط الألم وتنفيذ الحلول لتحسين تجربة العميل، تأخذ إجراء استنادًا إلى الرؤى المكتسبة لضمان التطور المستمر والتوافق مع احتياجات العملاء. توضح خريطة رحلة العميل المراحل المختلفة لتجربة العملاء، من اكتشاف الحاجة إلى الاحتفاظ بالعملاء بعد الشراء.

تقوم الشركات في البداية بتطوير خرائط رحلة العملاء للارتقاء بتجربة العملاء وزيادة عائد الاستثمار (ROI) في التسويق إلى الحد الأقصى. تقوم بالاستفادة من هذه الخرائط بشكل استراتيجي لإطلاق العنان للقيمة الكبيرة عبر المجالات المحورية، بما في ذلك تطوير المنتج، ونمو الإيرادات، الحصول على رضا العميل. لقد نجحت هذه الشركات في تحسين نُهج مركزية العملاء الخاصة بها عن طريق دمج الرؤى من هذه الخرائط في استراتيجياتهم. ومع

---

[7] Woopra: 7 Interesting Real-Life Customer Journey Map Examples, Kristina Allen - 2023

ذلك، وعلى الرغم من كل هذه الجهود، فشلت العديد من الشركات في الاستفادة من الفرص المقدمة إليها خرائط رحلة العملاء. تشير هذه المجالات الغير مستغلة إلى الفرص المحتملة التي يمكن للشركات من خلالها تحسين كفاءة استراتيجيات تجربة العملاء (CX) الخاصة بها، وبالتالي تحسين النتائج عبر جميع المجالات التشغيلية داخل المنظمة.

يهدف إنشاء خرائط رحلة العملاء إلى تحسين تجربة العملاء وتنقيح استراتيجيات تجربة العملاء. ومع ذلك، اكتشفت الشركات فوائد إضافية من خلال دمج إدارة تجربة العملاء الرشيقة[8]، التي تعطي الأولوية للكفاءة وتقليل الهدر ومركزية العملاء. فمن خلال تطبيق استراتيجيات إدارة تجربة العملاء الرشيقة ، تقوم الشركات بتبسيط العمليات وتحسين الكفاءة في رحلة العميل. وتوفر أدوات الخريطة الفهم الأساسي، بينما توفر الإدارة الرشيقة لتجربة العملاء إطار عمل للتحقيق المثالية. فعلى سبيل المثال، تسهم الرؤى المستخرجة من خرائط الرحلة في إفادة مبادرات إدارة تجربة العملاء الرشيقة في تبسيط العمليات وتحسين تفاعلات العملاء.

إن إدارة تجربة العملاء الرشيقة هي عملية تحويلية مصممة لتعزيز التميز التشغيلي وإعطاء الأولوية لهوس العملاء. تبدأ بإنشاء عملية قابلة للتكرار ، مما يضمن وضوحًا واتساقًا في كل إجراء. وبعد ذلك، تضمن خطوة تسجيل الدخول تحقيق التوافق مع رغبات العملاء، مما لا يترك مجالًا للغموض. وأخيرًا، نقوم بتقليل الخطوات، من خلال تبسيط العمليات إلى أبسط شكل لها. ويشمل ذلك صياغة استراتيجيات تجربة العملاء لجعل المهام خالية من الأخطاء وضمان توفر المعلومات الحيوية بسهولة لجميع الأطراف المعنية. تعزز إدارة تجربة العملاء الرشيقة ثقافة التميز ومشاركة الموظفين ومركزية العملاء، مما يدفع بالمنظمة نحو نجاح لم يسبق له مثيل في رسم خريطة رحلة المستهلك.

---

[8] Leancxscore.com: Lean CX: A Leadership Framework for Operational Excellence and Engagement -2024

سير عمل إدارة تجربة العملاء الرشيقة

في أستراليا، قامت إن إس سي سي NSCC بالشراكة مع كابفيذر [9] Capfeather لتطبيق تجربة العملاء الرشيقة، ورسم خرائط رحلات العميل الفردية. أدت الرؤى إلى تحسين المنتجات والخدمات والاتصالات، مما حسن من شأن تجربة العملاء ككل. تستخدم القيادة خرائط رحلة العملاء للتخطيط الاستراتيجي، بينما اكتسب الموظفون رؤى حول أولويات العملاء ليتمكنوا من تقديم خدمة عملاء أكثر تعاطفاً. تضيف الخرائط، المبنية على المقابلات، بُعد عاطفي لفهم الأعمال من وجهة نظر العميل. أعطت إن إس سي سي NSCC الأولوية لدعم نقاط الاتصال العاطفية للموظفين، مما يعزز الولاء ويؤدي إلى التوصيات

---

[9] CapFeather: The Science Behind Customer Experience Research - 2022

المحتملة. تدوم الخرائط المبنية بشكل جيد لمدة 3-5 سنوات، مع تحديث سنوي للتطوير.

من خلال دمج مبادئ تجربة العملاء الرشيقة مع رسم خرائط رحلة المستهلك، تكتسب الشركات رؤى في تجربة العملاء، مما يدفع بالتحسينات المستهدفة. ويتيح هذا التعاون تجارب عملاء مخصصة بشكل سلس تلبي التوقعات المتطورة. على سبيل المثال، تستثمر الشركات في حلول الخدمة الذاتية لتعزيز الرضا، وتقليل أوقات الانتظار، وتحسين الكفاءة. وتستفيد الشركات من الذكاء الاصطناعي والتحليلات لتنسيق رحلات الخدمة الذاتية بسلاسة مع تسهيل حل المشكلات بكفاءة. يضمن هذا النهج المتكامل انتقالًا سلسًا بين التفاعلات الذاتية والتفاعلات المساعدة، مما يعزز تجربة العميل بشكل عام.

إن العلاقة التكافلية بين رسم خريطة رحلة العميل وتجربة العملاء الرشيقة تمكّن الشركات من تقديم تجارب عملاء مخصصة ولا تُنسى، مما يدفع بالتحسين المستمر وتعزيز الولاء في السوق التنافسي الحالي. توفر هذه الأدوات رؤى لا تقدر بثمن في تعقيدات تجربة العميل، مما يساعد في التغلب على التحديات التجارية، وتحقيق التميز في تجربة العملاء، وإشراك المبادرات الاستراتيجية المستقبلية. يعتبر جمع ودمج رؤى العملاء في عملياتك أمرًا حاسمًا، وذلك لحماية شركتك وإنشاء استراتيجيات تجربة العملاء ذات طابع شخصي. إن الحفاظ على موقف حذر في قياس رحلة العميل ومراقبتها مع تطور سلوك المشتري يمكّن الشركات من التكيف والازدهار في ظل ساحة متغيرة باستمرار.

2. تشكيل منظمات مركزية العملاء

يقوم عملك ببناء علاقات قوية مع العملاء من خلال التركيز على ما يرغب فيه العملاء ويفضلونه، مما يرفع من مستوى الرضا و يزيد من فرص الشراء المتكررة. فجعل احتياجات العملاء محورًا لقرارات المنظمات يمثل تغييرًا استراتيجيًا عن الاستراتيجيات المرتكزة على المنتج، مما يؤكد على الفهم العميق وتلبية احتياجات العملاء في كل تفاعل مع العلامة التجارية. يتطلب اعتماد نهج مركزية العملاء تصميم عمليات مدروس، وتعزيز ثقافة متمحورة حول العملاء ودمج التكنولوجيا للتميز في تجربة العملاء (CX).

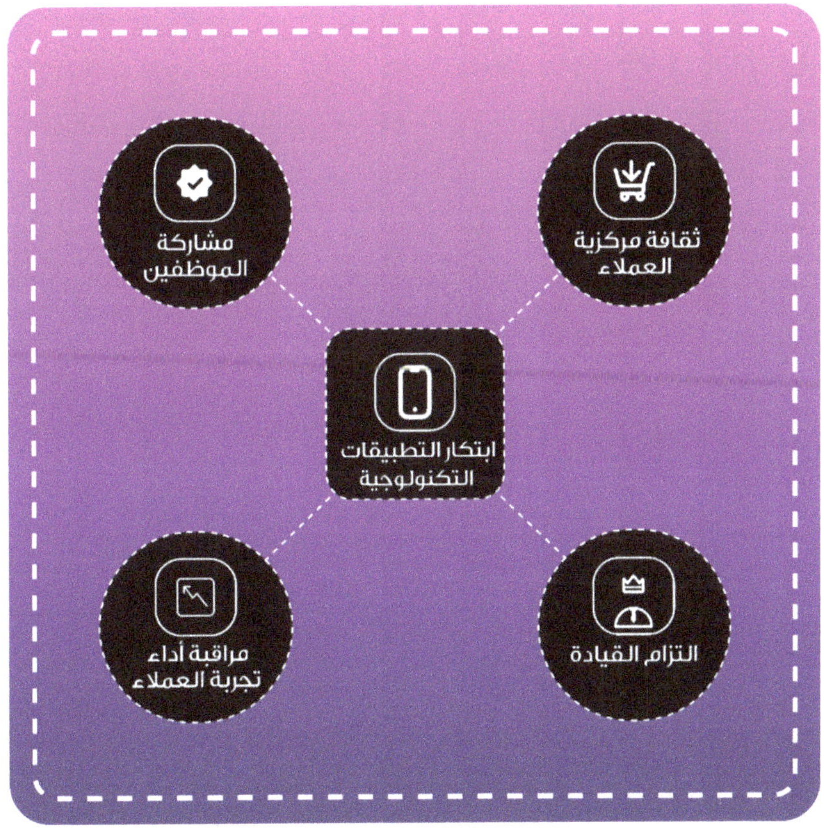

إطار النموذج التشغيلي لمركزية العملاء

2.1 تحديات ثقافة مركزية العملاء

في السوق الديناميكي حاليًا، يتمتع العملاء بتأثير كبير، مما يؤكد على الدور الحيوي لتجارب العملاء (CX) في النجاح المؤسسي. يتنافس المسوقون الآن بشكل أساسي بناء على تجربة العملاء، مما يبرز تحولاً ملحوظًا نحو استراتيجيات تجربة العملاء. وبينما يتزعم التسويق غالبا مبادرات تجربة العملاء، فإن مسئولية تنفيذ استراتيجيات تجربة العملاء تمتد إلى جميع أقسام المنظمة. وهذا يتطلب تعزيز ثقافة تنظيمية تضع العميل في الطليعة، لضمان تعاون كل قسم بسلاسة وابتكار، لتلبية احتياجات العميل.

تعتبر مركزية العميل هي المبدأ الأساسي الذي يوجّه الأولوية لاحتياجات العميل وتفضيلاته عبر جميع جوانب العمليات التجارية. ومع اقترابنا من عام 2024، أصبح من الجلي أن مركزية العملاء تخطت كونها مجرد ممارسة تجارية؛ بل أصبحت الآن متطلبا أساسيا للازدهار في السوق. في الساحة الراهنة المتغيرة باستمرار، تعد تجربة العملاء هي القوة السائدة في ميدان تنافسي نهائي. وللتميز في هذا الميدان، يتطلب الأمر زيادة التركيز على نماذج تشغيل مركزية العملاء. وعلى الرغم من أن إعطاء الأولوية لاحتياجات العملاء قد يبدو أمرًا بسيطًا، إلا أن تحقيقه يتطلب جهودًا متزامنة، واستغلال التكنولوجيا، وتمكين الموظفين، وإظهار التزام قيادي ثابت.

إن إنشاء منظمة متمركزة حول العميل يتطلب التفاني، والرؤية الواضحة، وثقافة العميل أولًا، وقيادة قوية وموظفين متمكنين. ويقوم تحفيز الأفراد في جميع أنحاء المنظمة لإعطاء الأولوية لاحتياجات العملاء بتعزيز الأداء والحث على إعادة تقييم أهداف العمل. وعلى الرغم من وجود تحديات مثل مقاومة التغيير أو نقص التعاون بين الأقسام، إلا أن الفوائد الدائمة واضحة. ولتحقيق هذا الانتقال، يتطلب الأمر التفاني المستمر، والتوجيه الاستراتيجي من القيادة، بالإضافة إلى تضمين مركزية العملاء في القيم والأهداف الأساسية.

تحت قيادة ساتيا نادالا[10]، خضعت مايكروسوفت Microsoft لرحلة تحويلية، حيث تطورت إلى منظمة تضع العميل أولاً. ومع ملاحظة نادالا للساحة المتغيرة لتوقعات العملاء، قام بوضع مايكروسوفت بشكل استراتيجي كمنافس في البيئة الحيوية للهواتف المحمولة، مما أدى إلى تنافسها مع العمالقة مثل آبل Apple وجوجل Google. واستدعى ذلك تخلي مايكروسوفت عن سيطرتها التقليدية واستعدادها للابتكار والتكيف مع مجالات جديدة وغير مألوفة. قاد نادالا تحولا ثقافيا داخل الشركة، حيث قام بتعزيز مفهوم الرشاقة ومركزية العملاء. وقام بإحياء قدرة مايكروسوفت على الاستجابة بسرعة لمتطلبات السوق، وانصرافها عن النهج التحكمي إلى نهج يركز على توقع احتياجات العملاء المتطورة وتلبيتها.

تؤكد قضية الخطوط الجوية الأمريكية American Airlines[11] على الدور الحاسم للقيادة الماهرة. حيث أسفرت حادثة ناتجة عن سوء تفسير للسياسات لتردي خدمة العملاء. برغم البروتوكولات المعتمدة، تم الطلب بالخطأ من راكب يحمل آلة تشيللو قيمتها 30،000 دولار النزول من الطائرة، ومواجهته لتحديات متلاحقة أثناء صعوده على متن رحلة أخرى. يسلط هذا الموقف الضوء على ضرورة وجود قيادة متطلعة، لتؤكد على الالتزام بالسياسات ولتتفادى فشل تجربة العملاء. ويؤكد الدرس المستفاد على أهمية تعيين قادة مؤهلين، خاصة في اللحظات الحرجة التي يمكن أن تؤثر وبشكل عميق على سمعة الشركة ونموها.

تشكل العزلة التنظيمية عائقاً كبيراً أمام تحقيق مركزية العملاء. فمع عدم وضوح الحدود الفاصلة بين التسويق والمبيعات ودعم العملاء، وجب على الشركات تجاوز هذا التحدي. فمسئولية تجربة العملاء تمتد إلى ما بعد قسم التسويق، مما يتطلب تعاون سلس بين الفرق لفهم رحلة المستهلك بشكل شامل. ولتعزيز ثقافة العميل أولا، يتطلب الأمر نهجًا شاملاً لجميع الأقسام ينبع من الأعلى إلى الأسفل. إن الاعتماد حصراً على الأقسام المنفصلة لاتخاذ القرارات قد يحل بعض المشاكل البسيطة ولكنه يفشل في حل مشاكل العملاء بالكامل. فالتأكيد على الالتزام المشترك والمسئولية الجماعية عبر جميع الأدوار يسمح للمنظمات أن

---

[10] LWF: Transformative Leadership: Unveiling Satya Nadella's Three Revolutionary Strategies at Microsoft, 2024

[11] Viewfromthewing.com: American Airlines Has a New Policy for Where Musical Instruments Can Sit on a Plane, Gary Leff - 2023

تتجاوز هذه العقبات. لذلك، فإن اعتماد نهج استراتيجي على مستوى المنظمة يعتبر أمرًا حاسمًا لتحقيق تحسينات تؤثر بشكل إيجابي على جميع رحلات العملاء.

تحقق ثقافة تجربة العملاء القوية فوائد عديدة، بما في ذلك تمكين الموظفين وتعزيز المشاركة والمصداقية وتعزيز التعاون. ومع ذلك، يتطلب تحقيق ذلك أكثر من مجرد خطب رنانة؛ يتطلب التزام ثابت لغرض واضح مترسخ في جميع أنحاء المنظمة بدءًا من الاستراتيجية وحتى التنفيذ. والفشل في إنشاء رؤية واضحة للشركة، بما في ذلك أهداف العمل لتجربة عملاء استثنائية، يمكن أن يعيق تنفيذ التحسينات في تجربة العملاء بسلاسة. يعتمد النجاح في هذا الصدد على وضع أسس استراتيجية قوية، ومحاذاة استراتيجية "نجم الشمال" مع مبادرات تجربة العملاء القابلة للتنفيذ، وترجمة الأهداف الاستراتيجية إلى نتائج قابلة للتنفيذ للمنظمة.

يمكن أن تؤدي مقاومة التغيير إلى تأخير تبني مركزية العملاء داخل المنظمات. وغالبا ما تنبع هذه المقاومة من معتقدات الموظفين الراسخة، مثل تفضيل المصممين تصميم منتج على حساب احتياجات العميل، أو انتشار العقلية السائدة بأن "هذه ليست وظيفتي" بين أفراد طاقم العمل. يمكن أن تؤدي هذه التصرفات إلى التردد في تقبل النُهج الجديدة التي تعطي الأولوية لتجربة العملاء. وللتغلب على هذه المقاومة يتطلب الأمر جهدًا جماعيًا لتغيير العقليات ولغرس ثقافة يفهم فيها الموظفون ويتبنون الهدف المشترك لتقديم أفضل تجربة عملاء ممكنة.

يعد التأكد من سعادة الموظفين و تحفيزهم أمرًا أساسيًا لتقديم خدمة عملاء استثنائية. إن تمكينهم من اتخاذ القرارات والقيام بمخاطر محسوبة يمكن أن يجعلهم أبطال لا غنى عنهم في تجربة العملاء. فالموظفون المتمكنون لهم تأثير بالغ على رضا العملاء. فهو يشجع على زيادة الابتكار، حيث يقترحون وينفذون أفكارا جديدة بكل شجاعة، مما يعزز من تجربة العملاء الديناميكية. كما يزيد بشكل كبير من رضا الموظفين ومشاركتهم، مما يمنحهم الحرية للتجربة والمساهمة، وبذلك ترتقي تجربة العملاء ككل.

إن إدارة التحول بنجاح نحو بناء منظمة مهووسة بالعملاء يتطلب تحديث النموذج

التشغيلي لتجربة العملاء، وإعادة تعريف التعاون الوظيفي المتبادل والتواصل بين الأقسام المختلفة، وتمكين الموظفين لتحمل دور القيادة، والاستثمار في تكنولوجيا تجربة العملاء، وذلك لتسريع التحول والحفاظ على المرونة والسرعة في الاستجابة لاحتياجات العميل المتطورة. وعلاوة على ذلك، تعتبر مراقبة تقدم تجربة العملاء وتوظيف المواهب من أسس النجاح الحيوية. وبالإضافة إلى ذلك، يعد التزام القادة وأصحاب المصالح أمرًا ضروريًا للتنفيذ الناجح، مما يمكّن الشركات من تحقيق إنجازات ملحوظة من خلال اعتماد نهج مركزية العملاء.

2.2 النموذج الديناميكي لمركزية العملاء

إن المصدر الرئيسي لتحديات تجربة العملاء غالبا ما ينبع من النموذج التشغيلي الحالي للشركة وعدم قدرته على تحويل استراتيجيات مركزية العملاء الحديثة إلى مهام تشغيلية قابلة للتنفيذ. وهذا يؤكد على ضرورة قيام الشركات بإعادة بناء النموذج التشغيلي لتجربة العملاء الحالي بشكل فعال، أو على الأقل تعديله. فقد قام ظهور التحول الرقمي بإعادة تشكيل ديناميكيات العمليات التجارية بشكل أساسي، عن طريق إحداث ثورة في كيفية تفاعل الشركات مع العملاء، وإدارة البيانات، وتوصيل الخدمات. وكنتيجة لذلك، أصبح التحول الرقمي حافزا للتغيير التنظيمي.

تتحول الشركات من هياكل ثابتة وموحدة إلى نموذج تشغيل مركزية العملاء مصمم ليتماشى مع تطور سلوكيات العملاء وتغيرها. ويجري تجديد سلاسل التوريد التقليدية وآليات تقديم الخدمات وذلك لإعطاء الأولوية للسرعة والراحة. تحث هذه النقلة النوعية الشركات على إعادة تقييم استراتيجيات تقديم الخدمات للعملاء، مؤكدة على أهمية الراحة والاستجابة. ونتيجة لذلك، يعزز هذا التطور إنشاء نظام بيئي تجاري ديناميكي حيث تكون القدرة على تلبية احتياجات العملاء أمرًا أساسيًا للنجاح.

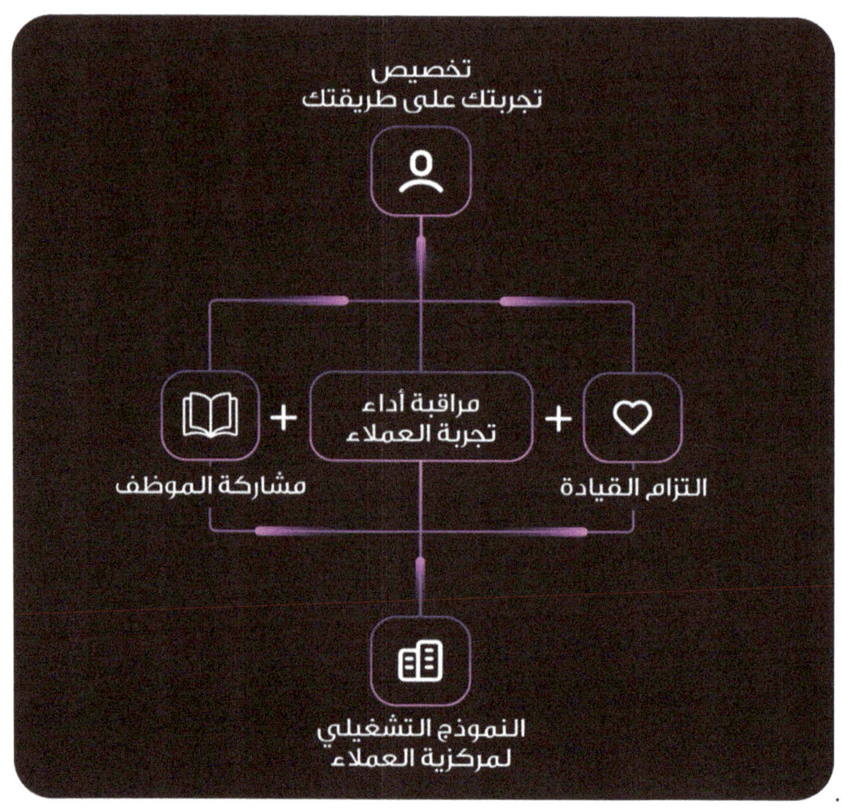

نموذج تأقلم العميل مع مركزية العملاء

أعرب أحد عملائي وهو إيفرتك سولوشن EverTech Solution عن عدم رضاه بالنموذج التشغيلي لتجربة العملاء الخاص به. حيث حددت الإدارة عدم توافق الإمكانيات مع القدرة على التنفيذ بسرعة، مما أعاق من تحقيق تقديم خدمة عملاء متفوقة. وقاموا بتحديد عمليات اتخاذ القرار وتحديد المسئوليات كمصادر لعدم الكفاءة. واستجابة لذلك، نفذوا برامج لتعزيز مسئوليات الموظفين وتشجيعهم على اتخاذ المبادرات، كما أنشأوا لجان توجيهية للإشراف على القرارات الرئيسية المتعلقة بتجربة العملاء، وحددوا مؤشرات الأداء الرئيسية (KPIs) المتماشية مع أهداف مركزية العملاء. وبذلك، وازنوا بين الحفاظ على ثقافة الشركة وبين اعتماد التغيرات السلوكية اللازمة لتقديم التميز في تجربة العملاء بشكل أسرع.

تلعب القيادة التنفيذية دور فعال في دفع المنظمة نحو تحقيق التميز في تجربة العملاء

(CX). حيث يعد التزامها الراسخ أمر بالغ الأهمية في ثقافة مركزية العملاء داخل المنظمة. فمن خلال توصيل رؤية الشركة ورسالتها بوضوح فيما يتعلق بمركزية العملاء، يضمن القادة الفهم الواضح لاستراتيجية مركزية العملاء في جميع أنحاء المنظمة. ويتم تعزيز هذا التفاني من خلال استخدام مؤشرات الأداء، والحوافز، وبرامج التقدير المصممة لتشجيع وتقدير الموظفين الذين يجسدوا سلوكيات مركزية العملاء.

يمكن للشركات تحسين تجربة العملاء وتحقيق تأثير تجاري ملموس عن طريق دمج تجربة العملاء في النموذج التشغيلي الخاص بمنظمتهم. وتستطيع المنظمات أن تتنبأ مركز ريادي في تجربة العملاء، وأن تدفع بالنمو المستدام، وأن تنشئ علاقات دائمة مع عملائها، وذلك من خلال إعادة تصميم النموذج التشغيلي بنجاح والقائم على رحلة المستهلك الحديثة والتحولية. تتطلب إعادة هذا التصميم تعاون سلس بين الوظائف التبادلية، والنهج الإبداعي، ومبادئ التصميم الواضحة، والعمليات المحددة، وضبط الأهداف المتماشية مع أهداف تجربة العملاء. وبينما قد تختلف النماذج التشغيلية والهياكل التنظيمية المُثلى لتجربة العملاء حسب الصناعة والشركة، إلا إنها تعتبر نماذج أو أنماط معترف بها والتي تستخدم كأطر عمل قيمة للتنفيذ.

في بيئة الأعمال الحالية، يعد اعتماد الرشاقة أسرًا حيويًا لغرس نموذج تشغيل مركزية العملاء. تمكّن الرشاقة المنظمات من التكيف بسرعة مع سلوكيات العميل المتغيرة وأحوال السوق، مما يضمن التنافسية والملاءمة. ومن خلال اعتماد بيئة سكرم Scrum، تقوم الشركات بتنظيم العمليات، وتعزيز الابتكار، وتسريع عملية اتخاذ القرارات بشكل استباقي، وذلك لتلبية متطلبات العملاء بشكل استباقي. ويسمح هذا النهج التكراري للمؤسسات أن تظل متماشية مع تفضيلات العملاء المتطورة واتجاهات السوق، مما يدعم النمو المستدام.

من أجل تأسيس تجارب عملاء متماسكة ومخصصة، يتطلب الأمر تكامل سلس عبر مختلف القنوات. يستوجب نهج مركزية العملاء تقديم تجارب موحدة عبر القنوات ونقاط الاتصال، حيث تلعب تطبيقات الهاتف المحمول دورًا حيويًا في تحقيق التكامل عبر كل القنوات. تقيم تطبيقات الهواتف المحمولة جسرًا بين التفاعلات عبر الإنترنت والمتجر، مما يضمن تجربة علامة تجارية متجانسة للعملاء الذين يشاركون سواء في المتجر أو عبر

الإنترنت من خلال منصة التواصل الاجتماعي. فيعزز هذا العنصر الموحد الشعور بالاستمرارية والمصداقية، ويربط الشركات بالعملاء بطريقة استراتيجية عبر مختلف القنوات، ويقدم وجودًا للعلامة التجارية متكاملاً طوال طيف تفاعلاتهم.

من أجل تحقيق ذلك، يجب أن تشكّل حزم البيانات والتكنولوجيا الخاصة بالشركة أساسًا لتشييد البنية التحتية لتجربة العملاء، وجمع رؤى العملاء، وتمكين الأتمتة على نطاق واسع لدعم رحلة العملاء. ويعد اختيار التقنيات والأدوات المناسبة أمرًا حيويًا لتشغيل وأتمتة مبادرات تجربة العملاء بكفاءة. فمن خلال إعطاء الأولوية لنقاط الاتصال في خريطة الطريق المفصلة، يمكن للشركات تحديد المتطلبات، وتفادي العقبات في التنفيذ، وتوجيه الموارد بكفاءة. وتشجع الشفافية في استخدام الأصول في تجربة العملاء على إعادة استخدام الرموز وتقليل تكرار الجهود. فإن تأسيس عمليات ونقاط وصول تتميز بالشفافية لاستخدام الأدوات والمنصات يعتبر أمرًا أساسيًا للاستفادة من الرؤى في التخطيط المستقبلي وعمليات اتخاذ القرار.

يعتبر تمكين الموظف أمرًا محوريًا لغرس ثقافة مركزية العملاء وتحسين تقديم الخدمة، وذلك لاستكمال البنية التحتية لتجربة العملاء التكنولوجية في الشركة. وتمكّن استراتيجية الشخصيات المؤثرة والمواهب الشركات سن تنمية القدرات الداخلية، وتعزيز التعاون داخل فرق العمل المرنة والمتنوعة، والحفاظ على معدلات احتفاظ عالية من خلال برامج التنمية المستمرة. تعتمد الحوكمة الفعالة على الحوافز والتمكين، مدعومة بالموارد والميزانيات الكافية، جنبًا إلى جنب مع ثقافة شفافية القياس والتقرير.

إن ضمان التنسيق السلس بين الأقسام وتعزيز التعاون بين الوظائف يعتبر أمرًا جوهريًا لتحسين تجربة العملاء وتحقيق التميز فيها. وبينما تقوم العديد من الشركات بمبادرات عبر مختلف الوحدات لتحسين تجربة العملاء، فمن الضروري ضمان تخطيط سلس لبناء رحلة مستهلك موحدة، والتي تكمن في جوهر استراتيجية تجربة العملاء. وبالرغم من وجود فرق عمل متعددة الوظائف، فغالبا ما تؤدي الثغرات في الشفافية إلى جهود معزولة وسوء توجيه للموارد. لمعالجة هذا الأمر، يجب أن يكون لدى فريق تجربة العملاء المخصص دورًا قياديًا في جهود التنسيق، بينما تراقب القيادة استراتيجية تجربة العملاء على مستوى الشركة، مما

يضمن التنسيق وشفافية التقرير. يعتبر دعم الإدارة العليا والتقارير المباشرة إلى مسئول تنفيذي مختص أمرًا حاسمًا لمنع الهياكل التقليدية من عرقلة مبادرات الفرق متعددة الوظائف لتجربة العملاء.

2.3 مشاركة الموظفين للثقافة

شهدت الساحة التوظيفية تحولًا ملحوظًا، حيث اعتمد الموظفون العمل من المنزل وقاموا بتعديل توقعاتهم بعد كوفيد-19. يشارك كل من أصحاب العمل والموظفون في تفاعل ديناميكي بشأن العمل عن بُعد وسط سوق مواهب تنافسي بشكل كبير. فالمؤسسات التي كانت تفخر سابقًا بثقافات قوية وموحدة تواجه الآن تشتتًا وتآكلًا وهي تسعى للتكيف مع ديناميكيات مكان العمل المتغيرة هذه. ونتيجة لذلك، يجب على القادة تعزيز ثقافة شاملة تعمل على مشاركة الموظفين ببراعة، مما يمكّنهم من تجاوز هذه البيئة المعدلة بكفاءة.

يعتبر تعزيز مشاركة الموظفين أمرًا حيويًا لتحقيق النجاح في مركزية العملاء. ففى ثقافة مركزية العميل، يطور الموظفون فهمًا عميقًا لاحتياجات عملائهم وكيفية تأثير عملهم على تجربة العميل، مما يدفعهم للسعي باستمرار نحو تحسين تجربة العملاء. عندما تُجمّع المنظمات الموظفين حول رؤيتها وقيمها ورسالنها، تجد أن موظفيها أصبحوا شغوفين، ومؤيدين للعلامة التجارية، ويحققون النتائج. فيعزز هذا التوافق بيئة عمل إيجابية ويؤثر بشكل كبير على تجربة العملاء. فيجب على المنظمات تتبع الاستراتيجيات بنشاط للارتقاء والحفاظ على مستويات مشاركة الموظفين.

إن خطوط ساوث ويست الجوية [12] Southwest Airlines والمشهورة بخدمة عملائها الاستثنائية، قد حلقت نحو آفاق جديدة من خلال تنمية ثقافة التمكين بين موظفيها. فقد نجحت في تنمية قوى عاملة متجاوبة واستباقية وتلبي احتياجات العملاء بفعالية، من خلال منحهم الاستقلالية في اتخاذ قرارات لها تأثير مباشر على تجربة العملاء. لقد كان هذا النهج القائم

---

[12] Business.com: Southwest Airlines: A Case Study in Great Customer Service, Sean Peek - 2024

على الموظفين محورياً في تشكيل سمعة الشركة كمقدمة لخدمة غير مسبوقة وقادرة على تعزيز الولاء الثابت للعملاء. إن تنمية ثقافة تضع العميل في المقام الأول مع التركيز على التعاون والتعلم والرفاهية يمكّن القوى العاملة من التوافق مع قيم مركزية العملاء، مما يحسن من سمعة العلامة التجارية.

تظهر أهمية مركزية العملاء بوضوح عند النظر إلى الإحصائيات: حيث يفقد 75% من العملاء ثقتهم في المنظمة بعد تجربة سيئة مع المنتج، بينما يفقد 71% من العملاء ثقتهم بعد تجربة خدمة عملاء سلبية. وعلاوة على ذلك، تشير تقارير ماكنزي McKinsey [13] أن كلام العملاء الحاليين يؤثر بنسبة 20-50% على قرارات الشراء للعميل المحتمل. فتؤكد هذه النتائج على أهمية الارتقاء بثقافة العميل أولا في منظمتك.

من الضروري التصدي للتحديات الشائعة بسرعة، في سبيل تحقيق مستويات عالية من مشاركة الموظفين. حيث تواجه المنظمات عقبات متعددة الجوانب والتي قد تعيق جهود المشاركة، من انهيارات الاتصال إلى مقاومة التغيير. فتزويد المديرين والموظفين بتدريب في إدارة التغيير يمكّنهم من اكتساب المهارات والأدوات اللازمة لتجاوز التغييرات التنظيمية بفعالية. يعد النظر إلى هذه التحديات كفرص للنمو أمر بالغ الأهمية. لذاك فإن تصميم استراتيجيات تجربة العملاء لكل ملظمة وفقا لديناميكتها الفريدة يسمح للقادة بتعزيز ثقافة مشاركة متينة بينما يتعاملون مباشرة مع التحديات ويحققون تقدمًا في سعيهم نحو التميز في مركزية العملاء.

ترسخ الشركات عقلية مركزية العملاء في أذهان موظفيها، من خلال برامج التدريب المستهدفة، وشفافية قنوات الاتصال، ومبادرات التقدير، مما يعزز العلاقة بين المنظمة وعملائها ويجعلها أكثر تناغمًا وإنتاجًا. وعندما يكون العملاء في قلب العمليات التجارية، تركز المنظمات على أكثر الأشياء أهمية بالنسبة لهم، مما يمكّنها من أن تفوق توقعاتهم وتزيد من الولاء وتبني علاقات طويلة الأمد ومبنية على الثقة. تسهم قيم مركزية العملاء في النمو المستدام للأعمال عن طريق تقديم خدمة تضيف قيمة محسنة. فمن الضروري تشجيع الشفافية

---

[13] McKinsey & Company: The state of customer care in 2022

والثقة داخل المنظمة، ومعالجة انقطاع الاتصال وضمان أن يشعر الموظفون بأن هناك من يستمع إليهم و يقدرهم.

تعتبر إتاحة رؤى العملاء لجميع الموظفين حلًا ذكيًا، لترسيخ عقلية مركزية العملاء عبر كل مستويات المنظمة. تستخدم أدوبي سيستمز Adobe Systems هذا النهج لتمكين الموظفين من الوصول إلى رؤى العملاء. حيث قامت أدوبي[14] Adobe بتنفيذ محطات استماع، سواء في المكتب أو عبر الإنترنت، حيث يمكن للموظفين الوصول إلى مكالمات العملاء. بالإضافة إلى ذلك، يقوم القادة بانتظام بإخبار جميع الموظفين بالمستجدات في تقديم تجربة العملاء في الشركة، وذلك في كل اجتماع على مستوى الشركة. وتضمن هذه الاستراتيجية أن لدى كل موظف الدراية المطلوبة لرؤى العملاء حتى يتمكن من إعطاء الأولوية لمركزية العملاء.

يعتبر تشجيع التفاعل المباشر مع العملاء أمرًا أساسيًا للشركات التي تسعى لفهم جمهورها بعمق. يجسد آير بي إن بي Airbnb هذا النهج من خلال معاملة المضيفين كعملاء وتسهيل تفاعل الموظفين معهم. يقيم الموظفون في مساكن Airbnb خلال رحلات العمل، ويلتقون بالمضيفين عند زيارتهم لمكاتب[15] Airbnb. بالإضافة إلى ذلك، تقيم Airbnb حدثا سنويا حيث يتعاون الموظفون والمضيفون معا لمراجعة التجارب الماضية ووضع استراتيجيات للمستقبل، مما يعزز من التفاهم والتوافق المتبادل.

يتخطى التركيز في تجربة العملاء مجرد التفاعلات المباشرة مع العملاء، وإنما يمتد إلى خلق جو عمل يكون فيه الموظفون على استعداد لدعم رؤية وثقافة مركزية العملاء الخاصة بالمنظمة. فيتحول الموظفون المشاركون بشكل نشط في ثقافة مركزية العملاء إلى سفراء للعلامة التجارية، حيث يمثلون القيم والتفاني في تقديم خدمة استثنائية ورفيعة المستوى. فتحقيق مركزية العملاء هو جهد تعاوني يمتد عبر كل مستوى من مستويات المنظمة، مما يمكّن الموظفين من بناء علاقات قوية مع العملاء وبالتالي يقلل من فقدان

---

[14] Harvard Business Review: The Case for Investing in Virtual Spaces - 2022
[15] NEWS, Can Employees Uses Airbnb for Business Travel? - 2022

العملاء ويزيد من الاحتفاظ بهم.

أثناء رحلة السعي وراء تجربة عملاء استثنائية، تلعب القيادة التنفيذية دورا محوريا في تعزيز مشاركة الموظفين. إن الالتزام الراسخ من جانبهم ضروري لبناء منظمة تتبنى نهج مركزية العملاء وتعتمد على النموذج التشغيلي المعاصر لتجربة العملاء. فمن الضروري أن يتأكد القادة من أن تأثيرهم يمتد إلى ما هو أبعد من تحديد رؤية الشركة وتوجيهاتها، لذلك يجب عليهم تجسيد قيم ومبادئ مركزية العميل في أفعالهم وقراراتهم. بفضل التفاني الحقيقي في إعطاء الأولوية لتجربة العملاء، ينشر القادة الطمأنينة والثقة بين الموظفين، ملهمين إياهم باعتماد رؤية المنظمة القائمة على مركزية العملاء بكل إخلاص وتفان.

2.4 تفضيل هيكل الاتصال

يعتبر تعزيز استراتيجية الاتصال التي تركز على العملاء أمرًا بالغ الأهمية لنجاح الشركات المعاصرة. فهو يعد كعنصر أساسي لبناء الثقة وزرع الدعم من قبل الموظفين وتعزيز ولاء العملاء. في العصر الرقمي، يجب على المنظمات إنشاء بنية تحتية متينة للاتصال ويكون محور تركيزها الرئيسي تلبية احتياجات العملاء وتفضيلاتهم وتوقعاتهم، وفي نفس الوقت تجهز الموظفين لخدمة عملائهم بفعالية. ويضمن ذلك أن رسائل العلامة التجارية والتفاعلات والخدمات تتوافق بسلاسة مع تطور سلوكيات العملاء ومتطلباتهم المتغيرة. فعندما تعطي الشركات الأولوية للاتصال الذي يركز على العملاء، تتمكن من رفع مستوى الرضا، وتقوية العلاقات، وتنمية الولاء وفي النهاية، تحقيق نمو مستدام.

إن العملاء الذين يتلقون خدمات معززة للقيمة هم أكثر احتمالية لإجراء عمليات شراء متكررة بنسبة 86%، ولديهم فرصة أعلى للإنفاق أكثر[16] بنسبة 75%، مما يؤثر بشكل مباشر على الأرباح الصافية لشركتك. تشير الأبحاث إلى أنهم أكثر احتمالية لإظهار الولاء تجاه العلامة التجارية، والترويج لها، وتجديد الاشتراك وزيادة الإنفاق. وفقا لجارتنر Gartner، بعد تلقي هذه الخدمة المعززة للقيمة، فإن احتمالية إعادة الشراء تزيد بأكثر من

---

[16] Ita group: 8 Ways to Increase Customer Lifetime Value - 2023

2.5 مرة، واحتمالية التوصية أكبر بأكثر من 3.3 مرات، واحتمالية زيادة حصة المحفظة تقريبا 4 مرات أكثر.

يعد تطبيق التخصيص عبر القنوات المتقاطعة والتخصيص الشامل لكل القنوات أمرًا حيويًا لإقامة بنية تحتية للتواصل موجهة للعميل. من خلال دمج هذه المبادئ في استراتيجية تجربة العميل، يجذب المسوقون بفعالية العملاء الذين يتقنون التكنولوجيا. إن استخدام القنوات المتعددة مثل البريد الإلكتروني، ووسائل التواصل الإجتماعي، وروبوتات الدردشة وتطبيقات الرسائل يعمل على تحسين التواصل، مما يمكن من مشاركة عملاء مخصصة وفي الوقت الفعلي والحصول على ردود سريعة. فعلى سبيل المثال، فإن روبوتات الدردشة ل إتش أند إم H&M تعزز التفاعلات المخصصة والممتعة، حيث تقدم المساعدات الفورية وحل للمشكلات والتوصيات المخصصة وبالتالي تحسن تجربة التسوق برفاهية وتواجد على مدار الساعة طوال أيام الأسبوع.

يقوم التحول الرقمي بإحداث ثورة في البنية التحتية للاتصال عن طريق دمج التقنيات الرقمية بسلاسة في الأعمال التجارية. تعتبر منصتا تكنولوجيا التسويق وتكنولوجيا الإعلانات من الأمور الحاسمة في هذا التطور، عن طريق تسهيل جهود التسويق المستهدفة وتفاعلات العملاء المخصصة عبر مختلف القنوات. ويغير هذا التحول كيفية عمل المنظمات وتقديم القيمة للعملاء. تقوم الشركات بتبسيط العمليات، وأتمتة المهام المكررة، وتقليل الأخطاء اليدوية وتحسين الاتصال، وذلك من خلال كونها رشيقة ومعتمدة على التقننيات المتقدمة. يعزز هذا التحسين في الكفاءة التشغيلية الإنتاجية العامة، مما يسمح للموظفين بتخصيص المزيد من الوقت للأنشطة الاستراتيجية وذات القيمة المضافة.

إن الأيام التي كانت فيها القنوات التقليدية مثل المكالمات الهاتفية والبريد الإلكتروني كافية قد ولت. فالآن، تستفيد الشركات من الأدوات الرقمية لضمان تفاعل متواصل عبر نقاط الاتصال المختلفة، والقنوات المتعددة، وفي المتاجر. فعلى سبيل المثال، بعد زيارة المتجر، يمكن للعملاء بدء محادثة على موقع الويب، والانتقال بسلاسة إلى تطبيق الهاتف المحمول دون فقدان السياق. يضمن هذا النهج تجارب متسقة ومخصصة مما يعزز في النهاية مشاركة العملاء والتشبث بالعلامة التجارية.

إن اعتماد التقنيات المتقدمة لبناء البنية التحتية للاتصالات الخاصة بك، ودعم رسالة الشركة في مركزية العملاء، هو ما يميزك عن نظرائك في الصناعة الذين يركزون على المنتجات، مما يمنحك أفضلية تنافسية. تقوم الشركات في جميع أنحاء العالم حاليًا بدمج تقنيات الذكاء الاصطناعي وتعلم الآلة (AI/ML) في إدارة الاتصالات الخاصة بها. إن الشركات ذات البنية التحتية القوية للاتصالات المتمركزة حول العملاء غالبا ما تتفوق على المنافسين في تحقيق الإيرادات وزيادة حصتها في السوق. وتعزز المبيعات والاحتفاظ بالعملاء، مما يوسع من وجودها في السوق. ولتحقيق نجاح دائم، ينبغي للقادة أن يضعوا احتياجات العملاء في المقدمة قبل استراتيجيات تحقيق الربح.

على سبيل المثال، يسهم الذكاء الاصطناعي التوليدي في البنية التحتية للاتصال المركزة على العميل من خلال تمكين إنشاء محتوى مخصص وممتع على نطاق واسع. يقوم الذكاء الاصطناعي التوليدي بتحليل بيانات العملاء وتفاعلاتهم من خلال معالجة اللغة الطبيعية وخوارزميات تعلم الآلة لتوليد رسائل وتوصيات وردود مخصصة. تمكّن هذه التكنولوجيا الشركات من تقديم اتصالات ذات صلة وفورية عبر قنوات متعددة، ومن تحسين مستوى مشاركة العملاء ورضاهم. ويمكن للذكاء الاصطناعي التوليدي أيضا أتمتة المهام المتكررة، مما يسمح للموارد البشرية بالتركيز على أنشطة ذات قيمة أعلى مثل تطوير الاستراتيجية وإدارة العلاقات مع العملاء.

بينما تستمر التحديات في مجال التوظيف عبر المنظمات، يجب على العلامات التجارية البحث عن حلول مبتكرة بدلاً من إيجاد الذرائع. تعتبر أتمتة مراكز الاتصال كخدمة (CCaaS) طريقة عملية لتقليل الاعتماد على العمالة البشرية مع الحفاظ على تجربة عملاء مُثلى، بما في ذلك الفيديوهات القصيرة والرسائل الصوتية، مما يمكن العملاء من التعامل مع الاستفسارات وحل المشكلات بسهولة في الوقت المفضل لهم. فلنأخذ على سبيل المثال، شركات مثل فيتنجلي Fittingly، والتي تمكن عملائها من تصميم خزانة ملابسهم الشخصية وحلول التخزين الخاصة بهم باستقلالية، مما يقضي على الحاجة إلى فرق المبيعات وزيارات المنزل المكلفة. ويعمل هذا على تبسيط العمليات وتحسين مستوى رضا العميل من خلال الإشراك المباشر والمخصص، وكل ذلك ميسر عبر الإنترنت.

مع تطور مفهوم الميتافرس، تتبنى المنظمات بشكل استباقي مبادئ أساسية للتواصل مع العملاء بطرق غامرة. في عام 2024، تتزايد توقعات العملاء لتفاعلات لاتُنسى، مما يدفع الشركات لاستثمار الوقت والموارد والتفكير الاستراتيجي للاستفادة من الميتافرس بفعالية. مع التحول نحو العمل عن بُعد، يعتبر فهم الرحلة الكاملة للعمل أمرًا حاسمًا لدمج الميتافيرس بسلاسة. تستغل المنظمات عناصر الميتافرس للتعاون العالمي، خصوصًا مع زيادة انتشار نماذج العمل الهجينة. وبالمثل، يشير ارتفاع[17] تجارب الواقع المعزز (AR) والواقع الافتراضي (VR) إلى عصر جديد في المشاركة الرقمية، حيث تشير التوقعات إلى وجود حوالى 1.4 مليار مستخدم لأجهزة الواقع المعزز بحلول عام 2024، مما يسلط الضوء على إمكانيات السوق الكبيرة.

تظهر الأبحاث أن خدمات القيمة المحسنة تزيد من ولاء العملاء ودعمهم وعمليات الشراء المتكررة. يعتبر دمج التخصيص عبر القنوات المتعددة والتخصيص عبر كل القنوات عاملًا حيويًا في تسهيل مشاركة العملاء في الوقت الفعلي عبر قنوات متنوعة. وعلاوة على ذلك، يدعم التحول الرقمي الكفاءة التشغيلية، بينما يواجه تطبيق الآلية من خلال مراكز الاتصال كخدمة تحديات العمالة بفعالية. بالإضافة إلى ذلك، يمكن لثقافة تدعمها التكنولوجيا دفع مشاركة الموظفين وتحقيق نتائج ملموسة في تجربة العملاء. فإن تبني مبادئ الميتافيرس، جنبا إلى جنب مع تقنيات الواقع المعزز والواقع الإفتراضي تؤكد تطور طبيعة استراتيجيات مشاركة العملاء. وفي النهاية، يعتبر تفضيل منهجيات تجربة العملاء واستخدام التقنيات المتقدمة أمرًا إلزاميًا للشركات التي تهدف إلى النجاح في بيئة رقمية تتمحور حول العميل.

2.5 نموذج تجربة العملاء بالتقنية المتنقلة

اليوم، وأكثر من أي وقت مضى،يمسك المستهلكون البارعون في أمور التكنولوجيا بزمام الأمور، مما يؤكد على الأهمية القصوى لمركزية العملاء. يعتبر هذا المفهوم أساسي للنمو في الساحة التجارية المعاصرة، حيث يعتبر تمكين العملاء هو سيد الموقف. يتطلب

---

[17] MarketsandMarkets.com: Augmented AR and Virtual Reality, Global Forecast to 2028 - 2023

التكيف مع هذا التحول من العلامات التجارية قبول التغييرات الثقافية والتطورات التكنولوجية بينما تتبنى حلول مركزية العملاء. فالابتكار في تجربة العملاء لا يوفر المرونة لمشاركة العملاء وفقا لشروطهم فحسب، ولكنه أيضا يثمر عن رؤى قيمة والتي تعتبر حيوية لاتخاذ قرارات مدروسة. تلعب التكنولوجيا دورًا محوريًا في دفع النمو وتعزيز علاقات دائمة مع العملاء عن طريق تحسين الكفاءة التشغيلية وإزالة العقبات أمام استراتيجيات مركزية العملاء.

مع تغيير التكنولوجيا لحياتنا، فإن تكنولوجيا التطبيقات قد تطورت من مجرد أتمتة المهام إلى كونها حيوية لوظائف الأعمال الرئيسية. وتطلب هذا التحول إعادة تقييم مناسب لإطارات تشغيل التكنولوجيا. ومع ترابط استراتيجيات الأعمال والتكنولوجيا بشكل كبير، ظهر الابتكار الرقمي والتطبيقي كأحد العوامل المحورية الدافعة لنجاح الأعمال. فالقادة ذوو التفكير المستقبلي يتصورون وبشكل استباقي نماذج التشغيل المعاصرة، ويستغلون التحول الرقمي لتعزيز قدرتهم في تقديم تطبيقات مبتكرة للهواتف المحمولة. فهذه التطبيقات مصممة لتحسين تجربة العملاء ولتوطيد التعاون، ولرفاهية الموظفين، ولقياس العمليات التجارية بكفاءة.

إن التطور في تكنولوجيا تطبيقات الهواتف المحمولة يعيد تشكيل التنقلية، ويشمل ذلك أدوات متخصصة، ومنصات وتطبيقات البرمجة المصممة للأجهزة الإلكترونية، وخصوصا الهواتف الذكية والأجهزة اللوحية. ويتضمن ذلك مكونات متعددة مثل لغات البرمجة، وأطر التطوير وواجهات المستخدم، والبنية التحتية الخلفية ومنهجيات النشر. إن هذه التطبيقات متعددة الاستخدمات، والتي تعرف عادة باسم "apps"، تقوم بخدمة الأغراض على نطاق واسع، بما في ذلك تحسين الإنتاجية، والترفيه، وتسهيل التواصل ودعم التعليم وبذلك تحسن تجارب المستخدم والعميل. على سبيل المثال، قد أحدث التقدم في مجال التنقل ثورة في المواصلات، من خلال تحسين الخدمات اللوجيستية، ودمج خصائص الملاحة الذكية، وتحسين التواصل، مما يؤدي إلى تحولات ملحوظة في التنقل الحضري وأنظمة المواصلات.

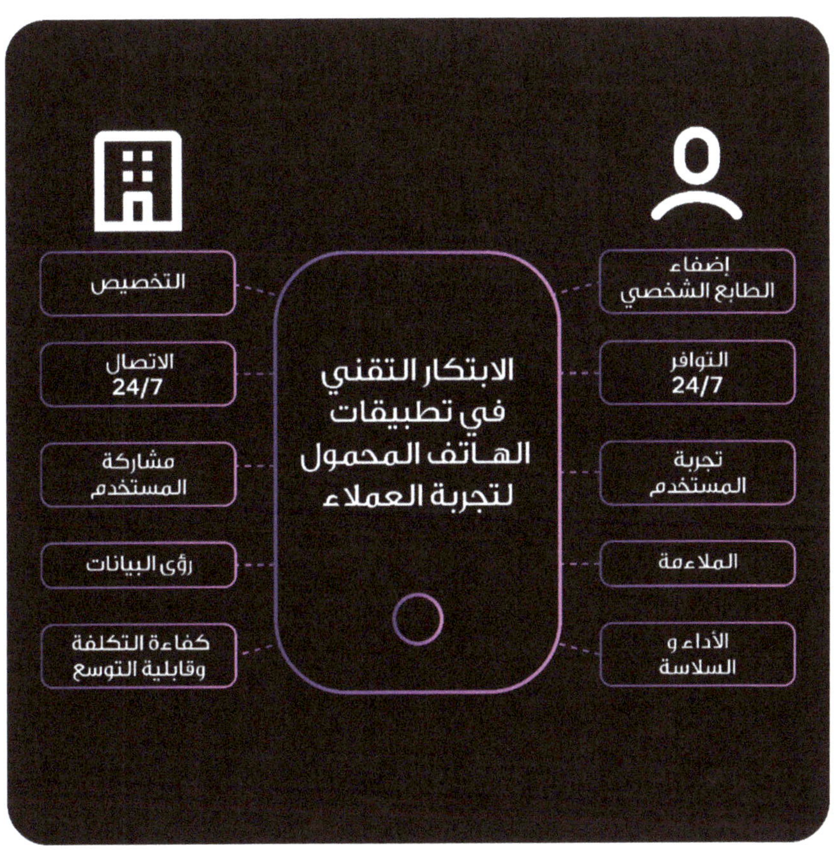

تحسين تجربة العملاء القائمة على التكنولوجيا

في قطاع الخدمات المالية[18]، قد شهدت صناعة التطبيقات نموًا سريعًا، حيث ارتفعت من 16% في عام 2015 إلى 64% في عام 2019 مع ظهور التكنولوجيا المالية كالفئة الأسرع نموًا، والتي مثلت 5% من اجمالي تحميل التطبيقات في عام 2019. فيقدم هذا الاتجاه فرص تجارية هائلة في ساحة قام فيها المستهلكون بتحميل 204 مليار تطبيق على هواتفهم المحمولة خلال عام 2019. بالنسبة ل ون جولد[19] OneGold، وهي منصة استثمارية مبتكرة تقدم بديلًا حديثًا لشراء الذهب، يعد تطبيق الهاتف المحمول الخاص بهم عمليًا. فقد ساهم في التوسع، بفضل خصائصه الفريدة. فمنذ إطلاقها عام 2020، شهدت زيادة

---

18 The Financial Brand: Fintech Adoption in North America Lags Global Acceptance -2023
19 International Business Times OneGold Is Changing Precious Meta Ownership with A User-Friendly Platform and Ultra-Low Cost - 2023

ملحوظة في التسجيلات (بنسبة 1.064%) وعملاء جدد (بنسبة 794%) وإيرادات المبيعات (بنسبة 938%) وطلبات (بنسبة 960%)، مما يشير إلى كونه اتجاه إيجابي والتوقع له بمزيد من النمو.

تمر المنظمات بتحولات شاملة من خلال الاستفادة القصوى من التنقل. فمع التحول الرقمي، يتم تعزيز التنقل ضمن النماذج التشغيلية، مما يمكّن من العمل عن بُعد واستخدام خدمات السحابة وتطبيقات الهاتف المحمول التي تمكن من المشاركة المرنة للموظفين. بالإضافة إلى ذلك، يلبي التنقل تفضيلات المستهلكين المعتمدين على الأجهزة المحمولة، الذين يفضلون الوصول السلس عبر مختلف الأجهزة والقنوات. يدعم تطوير التطبيقات الحديثة الابتكار السريع في التنقل من خلال هندسة السحابة الأصلية، مع دمج الخدمات المصغرة، وقواعد البيانات المُدارة، والذكاء الاصطناعي، ودعم الديف أوبس DevOps (تطوير البرمجيات وعمليات تكنولوجيا المعلومات) والرصد المتكامل. فالقادة الذين يفكرون بشكل متقدم يوجهون المنظمات نحو التنقل اللازم لتحقيق التحول الرقمي الناجح.

اعتمدت جامعة كيزر Keiser University [20] نهج ابتكاري من قبل فريقها لتكنولوجيا المعلومات المتقدم، عندما واجهت الحاجة الملحة لتحويل 21 حرمًا إلى العمل عن بُعد بسبب جائحة كوفيد-19. بسبب معرفة الفريق المسبقة لـ Azure Virtual Desktop واستخدامه في الفصول الدراسية، قام الفريق بتنفيذ البنية التحتية بسرعة لدعم 3.800 فردًا يعملون من المنزل وذلك في أقل من خمسة أيام عمل. وقد ضمن هذا التنفيذ السلس لـ Azure Virtual Desktop الاستمرارية للطلاب، ولأعضاء هيئة التدريس، وللموظفين، كما قام بتوفير بيئة آمنة للغاية من خلال الاستفادة من حلول مايكروسوفت الأمنية. فقد لعب فريق تكنولوجيا المعلومات دورًا محوريًا في إعادة تصور الأكاديمية في السحابة، من خلال حماية المعلومات الحساسة عن بعد.

يدرك قادة التسويق أهمية الهياكل التنظيمية المرنة التي تلتقط بكفاءة سلوكيات العميل وتفاعلاته الغير رسمية. يفهم هؤلاء القادة أن مشاركة العملاء تمتد لأبعد من مجرد تعاملات

---

[20] SEAHAWK NATION: Keiser University Announces the Greatness Leadership Initiative: Transforming the World in the Face of Change (COVID-19) - 2023

وتفاعلات رسمية بين العميل والعلامة التجارية؛ بل يشمل نظام بيئي خارجي أوسع، بما في ذلك محادثات وسائل التواصل الإجتماعي، والتقييمات عبر الإنترنت، والمنتديات الإجتماعية. فمن خلال تعزيز مشاركتها مع هذا النظام البيئي، تستطيع المنظمات اكتساب رؤى قيمة لتفضيلات العملاء، ونقاط الألم (المشكلات التي تواجه العملاء)، والاتجاهات الناشئة، مما يمكّنها من التكيف والابتكار بشكل استباقي.

علاوة على ذلك، تهدف القيادة التنفيذية إلى تطوير منظمات مرنة تعطي الأولوية للعنصر البشري وتعتني به في تصميمها. يتضمن ذلك النظر في كيفية تعاون الأفراد داخل المنظمة، وتعزيز العلاقات والشبكات غير الرسمية التي تسهل مشاركة المعرفة والابتكار. بالإضافة إلى ذلك، يدرك قادة التكنولوجيا أهمية دمج مدخلات العميل وردود فعله في الهيكل التنظيمي. تستطيع المنظمات ضمان توافق منتجاتها وخدماتها مع احتياجات العميل وتوقعاته عن كثب، وذلك من خلال إنشاء قنوات اتصال للعميل وتحسينها لتوفير ردود الفعل وطلب مدخلاتهم بنشاط.

تحقق الشركات نمو مستدام من خلال استراتيجية تكنولوجية شاملة، تسرع من الابتكار مع الحفاظ على الموثوقية والأمان. سواء كان الأمر يتعلق بتطوير تطبيقات السحابة الأصلية المدعومة بتقنية الذكاء الاصطناعي، أو الشروع في مبادرات تحديث التطبيقات وقواعد البيانات، فإن استراتيجية تكنولوجيا الأعمال القوية، بما في ذلك ابتكار التطبيقات التقني، تشكل الأساس لإعادة تعريف الأطر التكنولوجية لمركزية العملاء. فالتوجيه الواضح والتركيز على هذه المجالات يمكن الشركات من الكشف عن إمكانيات جديدة للأعمال، وإنشاء تطبيقات متطورة، وتحسين العمليات، ودفع التحولات التنظيمية التي تحسن كلا من العملاء والموظفين.

يعد التحول في مجال التنقل من خلال ابتكار التطبيقات التكنولوجية أمرًا محوريًا للنجاح في بيئة الأعمال سريعة التطور حاليًا. على سبيل المثال، أحدث التطورات التكنولوجية ثورة في كيفية تنقل الناس وسفرهم، حيث توفر تطبيقات الهاتف المحمول وبشكل كبير حلولًا لوسائل النقل ملائمة وعند الطلب. يكمن في قلب هذا التطور التزام لمركزية العملاء، والذي يتطلب من العلامات التجارية اعتماد منهجيات قابلة للتكيف في ظل التغيرات الثقافية

والتكنولوجية. إن استخدام التكنولوجيا للتفاعل مع العملاء وفقا لشروطهم تمكن المنظمات من اكتساب رؤى قيمة للغاية، ودعم النمو وتعزيز العلاقات المستدامة. إن تكنولوجيا التطبيقات، مع إمكانياتها متعددة الأوجه وتطبيقاتها الشاملة، تستخدم كدافع للتميز، حيث تمكّن المنظمات من تبسيط العمليات وتوفير تجارب عملاء لا مثيل لها تميزها في السوق.

3. التسويق بالذكاء الاصطناعي لدعم تجربة العملاء

في السوق التنافسي حاليًا، يعد تحقيق التميز في تجربة العملاء (CX) من خلال التسويق القائم على الأداء أمرًا أساسيًا. حيث تقوم عملية استغلال الذكاء الاصطناعي في التسويق بتمكين المنظمات من اكتساب رؤى أعمق لاحتياجات العملاء من خلال استخدام قوة الذكاء الاصطناعي (AI) وتعلم الآلة (ML) لتحسين عملية جمع البيانات. تسهل هذه الرؤى التنبؤ وتحديد فرص النمو الناشئة، وضبط استراتيجيات تجربة العملاء لمواكبة تطور سلوك المستهلكين. وهذا من شأنه تحسين تجربة العملاء، كما يظهر اهتمام العلامة التجارية باحتياجات الأفراد.

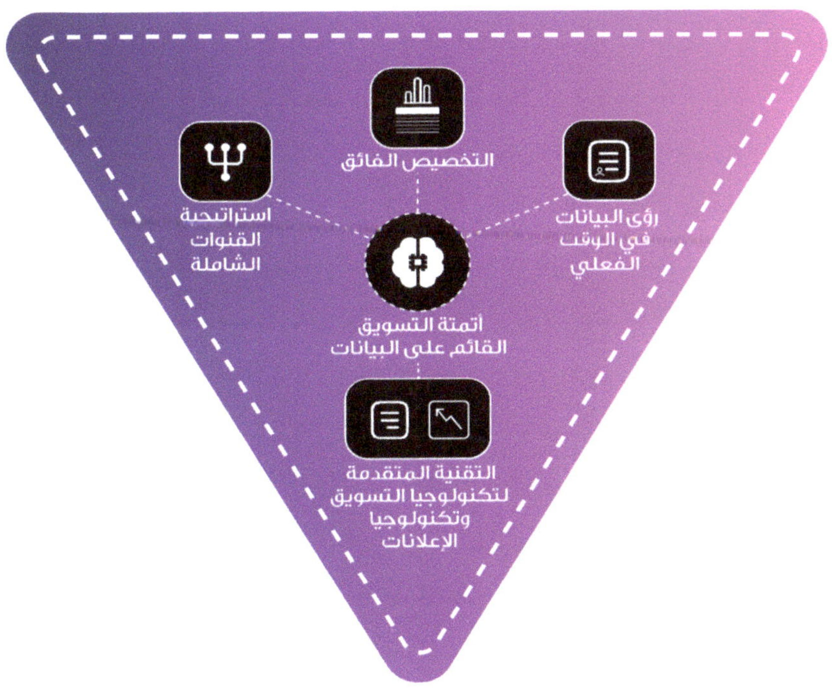

دليل التسويق القائم على بيانات الذكاء الاصطناعي

3.1 تعقيدات الذكاء الاصطناعي والبيانات

إن للبيانات أهمية محورية، فهي تعد ركيزة لنماذج الذكاء الاصطناعي (AI)، و تقوم بتسهيل الخوارزميات في تحديد الأنماط، والتنبؤ بالنتائج، وتقديم رؤى قيمة. إن ظهور الذكاء الاصطناعي التوليدي أكد كذلك على أهمية البيانات، لاعتماده الشديد على مجموعات البيانات الشاملة والمتنوعة لتوليد محتوى جديد. ومع ذلك، بجانب الفرص المستحدثة التي تقدمها مبادرات الذكاء الاصطناعي، مثل الذكاء الاصطناعي التوليدي، فهي أسفرت أيضًا عن تحديات قانونية معقدة متعلقة بخصوصية البيانات، وحقوق الملكية الفكرية، واعتبارات أخلاقية، والتزامات تعاقدية. وفي البيئة الحالية القائمة على البيانات، حيث تعتبر البيانات هي الأساس في عملية اتخاذ القرارات، تقوم الشركات بمواجهة تعقيدات إدارة البيانات وذلك لبناء فهم متماسك عن عملائهم.

تواجه المنظمات تحديات عدة، من تجزئة البيانات ولوائح الخصوصية إلى المهام الأساسية وهي تطوير استراتيجيات تجربة عملاء (CX) مخصصة، وتحسين الكفاءة التشغيلية، وتسخير إمكانيات الذكاء الاصطناعي. تعتبر معالجة هذه العقبات أمرًا شديد الأهمية للشركات التي تسعى للحفاظ على التنافسية والقدرة على التكيف في ظل هذه البيئة القائمة على البيانات وفي حالة تطور مستمر. في وسط هذا المشهد المتطور لتوقعات العملاء وعروض الشركات، قد ظهرت حالة من التضارب الملحوظ، مشيرة إلى تدهور في جودة تجربة العملاء (CX). وفقا ل Contact Week Digital[21]، قد لاحظ 57% من العملاء تراجع في مقاييس خدمة العملاء خلال العام الماضي. ولمواجهة هذا التحدي بشكل استباقي، تحث الشركات على إعطاء الأولوية لاعتماد الحلول الذكية في الخدمة الذاتية من خلال دمج إمكانيات الذكاء الاصطناعي بسلاسة. فلا تعمل هذه المبادرات على تحسين تفاعلات العملاء فحسب، ولكنها أيضا تقوم بتعزيز الكفاءة التشغيلية.

كلما تقدمنا، يصبح تبني استراتيجية تجربة العملاء التي تضع الرقمية في المقام الأول

---

[21] Forbes: Is Customer Experience in Decline? Roger Dooley - 2023

أمرًا حيويًا للشركات في عام 2024. إن تفصيل استراتيجيات تجربة العملاء المتماشية مع التوقعات المتطورة لجيل Z وجيل الألفية أصبح أمرًا أساسيًا لتقديم تجارب مخصصة تلقي صدى مع هذه الشرائح الاستهلاكية المؤثرة. ومع ذلك، تواجه المنظمات عقبات كبيرة في صياغة استراتيجيات تجربة عملاء مفصلة بسبب تجارب المستخدمين المنعزلة وأنظمة إدارة العملاء المعقدة. وتتضمن التحديات أنظمة غير متصلة، وصوامع تنظيمية، واعتماد محدود على الذكاء الاصطناعي، ومشاكل إدارة البيانات. فأصبح التغلب على هذه العقبات أمرًا أساسيًا لنجاح تجربة العملاء وتعزيز تفاعلات سلسة بين العميل والعلامة التجارية والتي تلقي صدى بين الجمهور.

في ظل انتشار قنوات الخدمة الرقمية، أصبح التحدي في تقديم خدمات فعالة للعملاء عبر مختلف نقاط الاتصال أكثر تعقيدًا. إن النطاق المتنوع لتفاعلات العميل مع العلامة التجارية، والذي يشمل الأوضاع الصوتية، والرقمية، والخدمة الذاتية، وبمساعدة الوكيل، يشكل تحديات في التوظيف للشركات. على سبيل المثال، إن أنظمة إدارة رحلة العميل المجزئة عادة ما تؤدي إلى تجارب غير متصلة، مما يجبر العملاء لتكرار المعلومات أو التنقل بين الأقسام. لذلك، فاعتماد منصة شاملة لتجربة العملاء يقدم حلًا محتملًا لإدارة التفاعلات بين العميل والعلامة التجارية بشكل سلس عبر إدارتي التسويق والمبيعات.

قد ولّدت تطورات الذكاء الاصطناعي حماسًا لتأثيرها المحتمل على تجربة العملاء. ومع ذلك، فإن المخاوف بخصوص دقة البيانات، والأمن، والخصوصية، والنتائج الأخلاقية قد خففت من هذا الحماس. بينما يبشر الذكاء الاصطناعي بتحويل تجربة العملاء عن طريق دمج الموارد البشرية والعمليات والتكنولوجيا بسلاسة، إلا إن هناك عدة عقبات تحول دون اعتماده. من المشاكل التي تشكل عقبات كبيرة هي جمع البيانات الخاصة بالعملاء، وتوحيدها، وتحليلها في الوقت الفعلي، وما يزيدها تعقيدًا هو عدم وجود منصات قوية لتجربة العملاء، ولا أدوات تحليلات الذكاء الاصطناعي ولا خبرة بالمجال. فتعتبر معالجة هذه المشكلات أمرا حيويًا، حيث تستكشف المنظمات إمكانيات الذكاء الاصطناعي لتطوير تجارب العملاء، وتحسين مستوى الرضا، ودفع الكفاءة وتعزيز النمو.

بقيادة فريق التحليلات والتطوير الرقمي، استفاد فريق يوتاجاز [22] Utah Jazz في دوري كرة السلة الوطني NBA من منصة بيانات العملاء (CDP) الخاصة بشركة تيليوم Tealium في تعزيز قدراتها التحليلية، مما أدى إلى تحسين تجارب جمهوره. فبعد التحول من التحليلات الأساسية إلى التحليلات المتقدمة باستخدام تكنولوجيا الذكاء الاصطناعي، قاموا بتجميع بيانات العملاء وتوحيدها وتحليلها في الوقت الفعلي، مما أتاح لفرق متعددة تنفيذ حملات التسويق والإعلان بشكل مستقل. وباستخدام تقنية Visitor stitching الخاصة بشركة تيليوم Tealium، نجح الفريق في الحصول على رؤية موحدة لعملائه، مما ساهم في توجيه حملات التسويق عبر البريد الإلكتروني والمبادرات التجارية. قامت هذه الرؤى بتمكين فريق الجاز Jazz من تحسين تجربة موقعهم الإلكتروني وتسهيل تفاعلات العملاء ذات الصلة. وبالإضافة إلى ذلك، تمكنوا من تتبع أداء حملاتهم التسويقية لتحديد أي من رسائل البريد الإلكتروني ولّدت إيرادات ومراقبة اتجاهات مختلف حملات التواصل الإجتماعي على الفور.

يجب على الشركات تمكين قوتها العاملة من التعامل مع توقعات العملاء المتطورة. فكما تتطور سلوكيات العملاء وتفضيلاتهم باستمرار، تتطور كذلك توقعاتهم بخصوص جودة الخدمة المقدمة وكفاءتها. في الساحة الرقمية حاليا، يتوقع العملاء تجارب سلسة عبر مختلف القنوات، وتفاعلات مخصصة، وحلول سريعة للمشاكل. ومن خلال دعم الموظفين بالأدوات اللازمة، والتقنيات، والتدريب، تضمن الشركات أنها مجهزة بالكامل لتلبية هذه المطالب المتطورة ولتقديم تجارب عملاء استثنائية. فقد يؤدي الفشل في التكيف مع هذه التوقعات المتغيرة إلى انحدار في مستوى رضا العميل، وخسارة الشركة، وتضاؤل القدرة على التنافس في السوق.

إن طلب المستهلك المتزايد للتخصيص مقرونًا بالمخاوف المتصاعدة بخصوص الأمن والخصوصية يؤكد على ضرورة تحقيق الشركات الاستفادة القصوى من بيانات الطرف الأول. توفر بيانات الطرف الأول للمسوقين رؤى مفصلة لسلوكيات العميل وتفضيلاته، وتفاعلاته، مما يمكنهم من تطوير استراتيجيات تسويق مفصلة، ودعم مشاركة العملاء،

---

[22] Tealium: The Utah Jazz's Digital Transformation; 6 Winning CDP Uses Cases - 2022

وتحفيز النمو، وتنمية علاقات دائمة مع العملاء. وعلى الرغم من ذلك، تتطلب الاستفادة من الإمكانات الكاملة لبيانات الطرف الأول اهتمامًا بالغًا. بينما تدرك العديد من الشركات أهمية جمع بيانات الطرف الأول، إلا أن هذا الأمر يتعدى مجرد فكرة تراكم هذه المعلومات وذلك لإدراك فوائدها القصوى.

إحدى المزايا الرئيسية للاستفادة من بيانات الطرف الأول هي تزويد العملاء بالتحكم المحسّن بشأن بياناتهم. فعندما تقوم الشركات بتجميع بيانات العميل مباشرةً، والتي تكون غالبًا من خلال منصاتهم الرقمية، يتاح للعملاء الوصول الفوري إلى إخطار الخصوصية الخاص بالشركة. يضمن هذا الاقتراب أن بإمكان إخطار الخصوصية تقديم شفافية متزايدة بشأن المعلومات المجمعة، وممارسات استخدامها ومشاركتها، والطرق التي يمكن للعملاء من خلالها ممارسة حقوقهم القانونية. يعتبر الوضوح وإمكانية الوصول أمرين حاسمين في معالجة المخاوف المتعلقة بالخصوصية، وتعزيز ثقة أكبر بين الشركات وعملائها. ومن أجل الاستفادة الكاملة من مزايا إدارة البيانات، يجب على الشركات تنفيذ الاستراتيجيات والأدوات الملائمة لجمع البيانات وتحليلها والاستفادة منها- وهو المجال الذي تعاني منه العديد من المنظمات.

في الساحة التجارية سريعة التغير حاليًا، يعتبر إعطاء الأولوية للقدرة على التكيف والمرونة أمرًا أساسيًا للنجاح على المدى الطويل. إن الشركات التي تتوقع التغيير بشكل استباقي، وتحدد الفرص، وتعالج التحديات، يتمتعون بموقع أفضل للازدهار في ظل هذا الغموض. إن الاستفادة من تكنولوجيا الذكاء الاصطناعي المتقدمة لتحسين عمليات اتخاذ القرار تمكن الشركات من تطوير استراتيجيات تسويقية فعالة مصممة لتلبية احتياجات العميل وتفضيلاته المتطورة. يمكن للشركات تعزيز تنافسيتها، وتوسيع قاعدة عملائها، والحفاظ على المرونة في التكيف مع التغييرات المستقبلية، وذلك من خلال بناء أساس قوي يستند إلى الرؤى القائمة على البيانات.

3.2 تخصيص التسويق بالذكاء الاصطناعي

تتبنى الشركات بسرعة حلول التكنولوجيا الذكية لتعزيز كفاءة العمليات وتحسين تجارب العملاء. أحدى السبل الشائعة لتحقيق هذه الأهداف يكون من خلال اعتماد منصات التسويق بالذكاء الاصطناعي (AI). فقد خضع التسويق لتحولات جذرية خلال السنوات الماضية. فقد تم استبدال النهج التقليدي، المبني على الافتراضات والحدس، بمنهجيات قائمة على البيانات والتي تعتمد على الأدلة التجريبية والتحليلات لإرشاد عمليات اتخاذ القرار، وتحسين الحملات وتحقيق النتائج. فمن خلال تسخير رؤى الذكاء الاصطناعي القائمة على البيانات، يستطيع المسوقون الاستفادة القصوى من استراتيجياتهم لدفع تحويلاتهم بكفاءة مع العمل على تبسيط العمليات وتقليل أعباء العمل على موظفيهم.

إن اعتماد الذكاء الاصطناعي في التسويق يمكّن المسوقين من صياغة استراتيجيات تجربة العملاء القائمة على عائد الاستثمار ROI، والذي يسفر عن نتائج هامة. تستفيد التقنيات من التسويق بالذكاء الاصطناعي في دفع عمليات اتخاذ القرارات آليا، وذلك من خلال استخلاص الرؤى من جمع البيانات وتحليلها، والملاحظات المستمرة لسلوك الجمهور والاتجاهات الاقتصادية المتعلقة بالمساعي التسويقية. فاليوم، حيث أصبحت سرعة الاستجابة أمرًا حاسمًا، يلعب الذكاء الاصطناعي دورًا محوريًا. فتستخدم أدوات التسويق بالذكاء الاصطناعي بيانات العملاء وملفاتهم الشخصية لتحسين فهمهم لسلوكيات العملاء وتفضيلاتهم، مما يمكّنهم من تقديم رسائل مخصصة في الأوقات المُثلى عبر أي قناة أو جهاز.

واجهت آير كندا[23] Air Canada تحديات في إدارة البيانات، بعد استحواذها على برنامج إيروبلان Aeroplan، حيث كانت تتعامل مع مجموعات بيانات متنوعة عبر عدة بيئات. وأعاق ذلك فريق تحليلات العملاء والولاء، مما استدعى الجهود اليدوية لتحليل نتائج الحملة الإعلانية. فتضمنت الحلول الانتقال إلى منصة سنوفليك Snowflake كمنصة البيانات الرئيسية، واعتماد استراتيجيات الذكاء الاصطناعي في التسويق لتبسيط التحليلات

---

[23] Flyertalk.com: Evaluating Air Canada's Performance and Competitive Offering - 2023

باستخدام داتايكو Dataiku لعلوم البيانات. قد قام التحول بتقليل وقت التحليل من أسبوعين إلى 3.5 ساعات، مما مكّن الفريق من استخدام رؤى غنية للجهود المستهدفة وتتبع المقاييس المعدّلة. ساهمت Snowflake و Dataiku في تعزيز الكفاءة، مما أتاح التزاما أفضل بلوائح الخصوصية، ويقضي علماء البيانات حاليا وقت أقل بنسبة 80% في تحضير البيانات، وصار تركيزهم ينصب على التسليمات عالية القيمة.

أصبح الذكاء الاصطناعي في التسويق أداة هامة في تنظيم رحلة العميل، ويمكّن المسوقين من تحديد اللحظات الحرجة وفرص المشاركة لتفاعلات مناسبة وذات مغذى بين العملاء والعلامات التجارية. تمتد هذه الرحلة من الوعي الأولي إلى عملية الشراء النهائية وما بعدها، حيث تُعد كل نقطة اتصال فرصة قيّمة للمشاركة والتأثير. يستطيع المسوقون، باستخدام التحليلات التنبؤية وإمكانيات تعلم الآلة، تحليل مجموعات بيانات شاملة للتنبؤ بالسلوكيات والاتجاهات، وتصميم حملات مستهدفة تلامس العملاء بعمق. فعلى سبيل المثال، تقوم التحليلات التنبؤية بتحديد الاتجاهات في سلوك العملاء، مما يؤدي إلى حملات أكثر كفاءة، بينما تقوم تعلم الآلة باكتشاف أي خلل تلقائيًا أو الاتجاهات الجديدة في معاملات العملاء.

قام الدمج السلس للتحليلات التنبؤية في التسويق بتحول كبير في الساحة التسويقية، حيث مكن المسوقين من توقع احتياجات المستهلكين المتطورة والتعامل معها على الفور. فتح المسوقون الباب أمام رؤى قابلة للتطبيق تفيد عمليات اتخاذ القرارت الديناميكية، من خلال الاستفادة من أدوات تحليلات البيانات القائمة على الذكاء الاصطناعي بشكل استراتيجي. فهذا النهج القائم على البيانات يمكّن المسوقين من تفصيل استراتيجياتهم عبر عدة قنوات، والتعرف على تفاعلات العملاء وحسن استغلالها عبر المنصات مثل وسائل التواصل الاجتماعي، والبريد الإلكتروني، وتطبيقات الهواتف المحمولة، والمشاركات المباشرة وجهًا لوجه. يحسن المسوقون التخصيص عبر القنوات الشاملة، من خلال استخدام بيانات الطرف الأول، مما يضمن تواصل متماسك، وعرض العلامة التجارية على العملاء. يعزز هذا النهج لمركزية العميل الراحة والتخصيص، مما يتيح للعملاء التفاعل مع العلامات التجارية بسهولة على المنصات المفضلة لديهم.

يتبنى القطاع المالي[24] التحليلات التنبؤية استعدادًا ل "الانتقال العظيم للثروة" ، والذي يتسم بانتقال الأصول والثروات من الأجيال الكبيرة إلى الأجيال الأصغر سنًا. تقوم المؤسسات المالية بتغيير ممارسات إدارة الثروات الخاصة بها، بينما يقوم المستشارون الماليون بتخصيص خدماتهم لتلبية الاحتياجات المتطورة للوارثين. وتقوم البنوك بالاستثمار في البنية التحتية للتكنولوجيا، ودمج أدوات مدعومة بالذكاء الاصطناعي لجمع البيانات وتحليلها والاستفادة من بيانات الطرف الأول والثالث عبر مختلف القنوات، وذلك من أجل الحفاظ على التنافسية. ومن خلال اعتماد التسويق بالذكاء الاصطناعي، يمكنهم تطوير رؤى شاملة للعملاء، وتوقع المشاركات، وتعزيز التحويلات، وبناء الثقة في العلامة التجارية من خلال إدارة البيانات الفعّالة. ويؤكد هذا على التزام القطاع المالي بإنشاء بنية تحتية للتكنولوجيا الرشيقة، وذلك لاستخدام التسويق بالذكاء الاصطناعي بفاعلية.

يقود التسويق بالذكاء الاصطناعي مستقبل عمليات التسويق، حيث يعزز ثقافة التقدم المستمر، ويمكن الشركات من المرونة كاستجابة لتحول ديناميكيات السوق، وتطلعات العملاء المتغيرة. تستخدم لوريال[25] L’Oreal على سبيل المثال، التسويق بالذكاء الاصطناعي لتحليل ملايين التعليقات والصور ومقاطع الفيديو عبر الإنترنت، حيث يتم تحديد الفرص المحتملة لابتكار منتجات جديدة بفاعلية. ويؤكد هذا المثال على التأثير التحولي للذكاء الاصطناعي التوليدي في تمكين المسوقين من البقاء في الطليعة والاستفادة من الاتجاهات الناشئة وتفضيلات العملاء.

يستفيد المسوقون من الذكاء الاصطناعي التوليدي في اكتساب رؤى قيمة عن استراتيجيات المنافسين، وقياس مشاعر المستهلكين، والكشف عن فرص لمنتجات جديدة. تتمكن الشركات من تحسين كفاءة المنتجات الناجحة، وتحسين دقة الاختبار، وتسريع الوقت المستغرق للوصول إلى السوق، وذلك من خلال التوليد السريع لمفاهيم المنتج الجاهز للاستجابة. ومثال بارز على ذلك، هو دمج ماتيل Mattel للذكاء الاصطناعي في تطوير

---

[24] Financial Times: The Transfer of Wealth from Boomers to ‘Zennials’ will Reshape the Global Economy - 2023

[25] Digital 360 Commerce: How L’Oréal Uses AI to Stay Ahead of its Competition, Don Davis - 2022

منتج Hot Wheels، مما أدى إلى زيادة إنتاج صور لمفاهيم المنتجات بأربعة أضعاف مقارنة بالسابق. وقد أشعلت هذه الوفرة من الصور شرارة الإلهام لابتكار مميزات وتصميمات جديدة. وعلى نحو مماثل، تستخدم كيلوجز Kellogg's الذكاء الاصطناعي لفحص الوصفات الرائجة التي تحتوي على حبوب الإفطار. وتستخدم البيانات الناتجة عن ذلك في إطلاق حملات تسويقية تركز على وصفات مبتكرة ومناسبة.

إن تعزيز ثقافة التجربة المستمرة تكمن في جوهر التسويق القائم على الدقة. فمن خلال تنفيذ اختبار A/B أو اختبار الانقسام الصارم وغيره من المنهجيات، تستطيع الشركات اختبار استراتيجيات تجربة العملاء وتحسينها بكفاءة بناءً على بيانات الأداء. ويمكّن هذا النهج التكراري المسوقين من تحسين دقة التسويق والإعلان مع مرور الوقت وبشكل مستمر، حيث يتم تحديد الاستراتيجيات التي تلامس الجمهور المستهدف بشكل فعال. مثل هذا التفاني يضمن التحسن المستمر والقدرة على التكيف في هذه الساحة التسويقية دائمة التطور.

في قلب كفاءة التسويق بالذكاء الاصطناعي، تكمن ملكية البيانات، والتي غالبًا ما يطلق عليها في التسويق اسم "ذهب". تقدم بيانات الطرف الأول والثالث رؤى لا تقدر بثمن عن سلوكيات المستهلك المتطورة وتفضيلاته واحتياجاته. فمن خلال تبسيط توحيد معايير البيانات والترويج لها من موقع مركزي، يمكن للمؤسسات ربط مصادر البيانات الخاصة بالقناة بمعرف زائر فريد، مما يمكنها من تنفيذ الإجراءات النهائية بثقة. يسهل هذا الدمج صياغة استراتيجيات مصقولة لتجارب العملاء القائمة على البيانات عبر كل قنوات الاتصال للعلامة التجارية، بما في ذلك المواقع الإلكترونية، والتطبيقات ووسائل التواصل الإجتماعي، والتفاعلات الشخصية المباشرة. من خلال استخدام رؤى البيانات القائمة على الذكاء الاصطناعي، يتم تطوير نُهُج مفصلة لكل منصة على حدة، مما يؤدي إلى تقديم تجارب شاملة تفوق توقعات العملاء. لذلك، تعتبر القدرة على التكيف هي المكون الرئيسي في هذا السوق الديناميكي، والتي تتطلب الرشاقة والمرونة وسرعة الاستجابة للتفضيلات المتغيرة، مع وجود البيانات التي تمثل البوصلة الإرشادية للتكيف السريع.

3.3 تخصيص القنوات الشاملة القابل للتوسع

ارتفعت توقعات المستهلكين إلى مستويات غير مسبوقة في داخل ساحة تميز تجربة العملاء (CX) المعاصرة. حيث يطالب المستهلكون الحديثون الآن بفهم شامل لتفضيلاتهم، وتجربة عملاء بديهية تستطيع أن تتكيف مع سياقهم الفوري، ورضا فوري عن العروض المفصلة بدقة والتي يتم تقديمها حسب الطلب. مع الالتزام بقواعد اللوائح التنظيمية العامة لحماية البيانات (GDPR) وقانون خصوصية المستهلك في كاليفورنيا (CCPA)، يصبح من الضروري لتجارب هذه العلامات التجارية أن تعطي الأولوية لتدابير الأمان المتينة، مما يضمن اعتبارها غير تدخلية بينما تعمل على تعزيز حماية الخصوصية في الوقت نفسه. يتطلب تحقيق هذه التوقعات متعددة الأوجه توازن ماهرا بين التخصيص وسرعة الاستجابة والملائمة. فمن خلال الاستفادة من التكنولوجيا المتقدمة، يمكن للعلامات التجارية ضمان أن كل تفاعل يبدو سهلاً، مما يضمن رضا العملاء الشامل وتعزيز الولاء الدائم للعلامة التجارية.

عندما يتعلق الأمر بتلبية توقعات المستهلكين المعاصرين المتصاعدة، يبرز التخصيص كأمر أساسي. تشير الأبحاث إلى أن 44٪ من المستهلكين يميلون إلى أن يصبحوا مشترين متكررين بعد تجربة تسوق مخصصة، بينما اعترف 49% بقيامهم بعمليات شراء دون سابق تخطيط بناءًا على التوصيات المخصصة. يتضمن التخصيص عبر القنوات الشاملة تحقيق الحد الأقصى من الملائمة في كل تفاعل للعلامة التجارية، وتحديد أحداث لحظة الصفر للحقيقة (ZMOT) وتحليلها وإعطائها الأولوية للتواصل المستمر. يتجاوز هذا الأمر مجرد الحفاظ على الملائمة في التفاعلات الفردية، ليشمل ملايين العملاء ورحلات دورة حياتهم التسويقية، حيث يتم تفصيل الاتصالات حسب اهتماماتهم وتفضيلاتهم وعادات الشراء الخاصة بهم وتاريخ العلامة التجارية بغض النظر عن أين ومتى تمت المشاركة. فيجسد هذا النهج قابلية التوسع لإسناد رحلة العميل.

إن إسناد رحلة العميل تقتضي إحالة التقدير أو القيمة إلى مختلف نقاط الاتصال التي يقابلها العملاء خلال رحلتهم الشرائية، وتشمل مجموعة متنوعة من القنوات بما في ذلك

وسائل التواصل الاجتماعي والبريد الإلكتروني ومحركات البحث، والتفاعلات الغير متصلة بالإنترنت مثل زيارات المتاجر أوالمكالمات الهاتفية. يجب على الشركات إدراك نقاط الاتصال أو لحظات الصفر للحقيقة (ZMOTs) التي تعزز من مشاركة العملاء وتحويل المبيعات، مما يمكنهم من تخصيص ميزانيات التسويق بكفاءة، وتنقيح الاستراتيجيات بناءً على الرؤى القائمة على البيانات، والرفع من مستوى تجارب العملاء بشكل عام. فمن خلال تحديد هذه اللحظات المحورية، تُسهل طريقة إسناد رحلة العميل تخصيص جهود التسويق، وتحسين الإنفاق على الإعلانات، مما يؤدي في النهاية إلى تحسين النتائج.

لتحقيق التميز في التخصيص، يجب على الشركات تبني ممارسات القنوات الشاملة المتطورة. فبينما يعتمد البعض على استراتيجيات أساسية مثل توصيات المنتج أو الحملات الترويجية المستهدفة، يتضمن التقدم الحقيقي فهم شامل لتفضيلات الأفراد عبر كل نقاط الاتصال الرقمية. تمتد أساليب التخصيص الرائدة إلى كلا العالمين الرقمي والغير رقمي. في العالم الرقمي، تتراوح الاستراتيجيات من لافتات الصفحة الرئيسية الديناميكية إلى صفحات الفئات المخصصة، مما يعزز مشاركة المستخدم بتجارب قابلة للتكيف في الوقت الفعلي ورسائل بريد إلكتروني مخصصة للغاية. تقدم إشعارات المحفزات السلوكية وتنبيهات الرسائل النصية تحديثات في الوقت المناسب. أما بالنسبة للعالم الغير رقمي، فتمكّن الزبائن والقسائم المفصلة في مراكز البيع موظفي المتاجر من تقديم خدمات مخصصة. كما تعمل خدمات الاستقبال والتسوق الشخصي على تعزيز تجارب التسوق عبر القنوات الشاملة، وهو ما يمثل فلسفة التخصيص الرائد عبر القنوات الشاملة.

قد ظهرت حفنة من العلامات التجارية المعروفة كقادة في استراتيجيات التخصيص المتقدمة. فعلى سبيل المثال، قد تميزت نوردستورم Nordstorm [26] بنهجها المبتكر، حيث تستفيد من الاختبارات التفاعلية الممتعة في اجتذاب مدخلات العملاء الصريحة بشأن تفضيلات العلامة التجارية أو المصمم. باستخدام هذه البيانات، تقوم نوردستورم بإنشاء تجارب رقمية مخصصة لكل فرد، مما يسهل من عملية التسوق. فمن خلال تصنيف صفحات

---

[26] IDEALSCALE: How Nordstrom Is Using Innovation to Drive Better Results, Jessica Day - 2021

الفئات بشكل ديناميكي بناءً على تفضيلات العملاء، مثل العلامات التجارية المفضلة، تقضي نوردستروم على حاجة العملاء لتصفح صفحات عديدة من المحتوى للعثور على الأغراض المطلوبة. بالإضافة إلى ذلك، تفوقت نوردستورم في تحقيق تخصيص القنوات المتقاطعة، من خلال الربط السلس بين الرسائل الإلكترونية المخصصة وتجارب الويب المخصصة، مما يضمن تفاعل شامل ومخصص مع العملاء عبر مختلف نقاط الاتصال.

لنشر برامج التخصيص الفعّالة، يجب على الشركات تحري الفهم الدقيق لتفضيلات عملائهم وسلوكياتهم والسياق الخاص بهم من خلال دمج البيانات المتنوعة في ملفات تعريف العملاء الشاملة. فالعلامات التجارية الرائدة تستفيد من النماذج التنبؤية، والذكاء الاصطناعي، وتعلم الآلة لاستهداف العملاء بشكل فردي عن طريق تفصيل التجارب والمحتوى، مما يحسّن من الاستراتيجيات المعتمدة على الرؤى التنبؤية على نطاق واسع. وتقوم بتسخير منصات بيانات العملاء (CDPs) لتبسيط دمج البيانات والتحسين من دقة ملفات تعريف العملاء. فتعتبر تقنية منصة بيانات العملاء أمرًا أساسيًا للتخصيص عبر القنوات المتقاطعة والقنوات الشاملة لأنها تقوم بجمع وتوحيد بيانات العملاء من مصادر متعددة. تلعب منصات بيانات العملاء دورًا حيويًا في مساعدة الشركات على فهم عملائهم بشكل أفضل و تقديم تجارب أكثر ملاءمة و تخصيص عبر كل مراحل دورة حياة العميل التسويقية.

تستفيد خطوط ألاسكا الجوية[27] (Alaska Airlines) من تقنية منصة بيانات العملاء المتطورة الخاصة بأمبريتي (Amperity) لتحسين مشاركة الضيوف المخصصة. تكتسب خطوط ألاسكا الجوية فهمًا شاملًا لتفضيلات ضيوفها وسلوكياتهم، عن طريق تجميع بيانات العملاء من تفاعلات الموقع الإلكتروني واستخدام تطبيق الهاتف المحمول، ومعاملات نقاط البيع. فهذه الرؤى العميقة تمكّن المسوقين من صياغة حملات إعلانية عبر القنوات المتقاطعة والتي تثمر عن نتائج رائعة: زيادة مبهرة بنسبة 61.1%+ في معدلات الافتتاح وزيادة بنسبة 198%+ في معدلات النقر. فمن خلال توظيف التنسيق الديناميكي لمرحلة ما قبل السفر، تقوم خطوط ألاسكا الجوية بتقسيم رحلات الضيوف بناءً على عدة عوامل مثل خط الرحلة، ونوع الطائرة، ومقعد المقصورة، حيث يتم تقديم ما يصل إلى أربع رسائل مخصصة لكل

---

[27] Amperity: Case Study: Alaska Airlines - 2023

ضيف. بالإضافة إلى ذلك، فإن دمج واجهة برمجة التطبيقات (API) في الوقت الفعلي مع نظام حجوزات خطوط ألاسكا الجوية قد أدى إلى توفير ملحوظ في تكاليف الإعلان عبر الإنترنت بنسبة 30%، وزيادة ملحوظة في معدلات التحويل بنسبة +22.5%، مما يؤكد على كفاءة استراتيجية إسناد التسويق عبر القنوات المتقاطعة الخاصة بهم.

إن تحقيق التخصيص على نطاق واسع يشكّل تحديًا ملحوظًا، بسبب الكم الهائل من المحتوى المطلوب لتفصيل التجارب. فعلى سبيل المثال، إن إنشاء صفحات رئيسية أو حملات على البريد الإلكتروني بشكل فردي يتطلب العديد من النسخ لضمان الملاءمة على المستوى الفردي. للتعامل مع هذا التحدي، تستخدم الفِرق الإبداعية نهجًا مبسطًا عن طريق تقسيم المحتوى إلى "كتل محتوى" يمكن إعادة استخدامها ووضع علامات عليها بواسطة بيانات التعريف، التي توضح المواضيع والأساليب والجماهير المستهدفة. وبالاستفادة من أتمتة التسويق بالذكاء الاصطناعي، يتم تطبيق هذه العلامات تلقائيًا، مما يسرّع من العمليات ويضمن التماسك عبر حجم المحتوى الضخم. وبمجرد وضع العلامات، تصبح كتل المحتوى هذه متعددة الاستخدامات بشكل كبير، مما يمكّن من التجميع الديناميكي والتخصيص عبر مختلف القنوات ونقاط الاتصال، بما في ذلك المواقع الإلكترونية والرسائل البريدية ووسائل التواصل الاجتماعي.

يجب على الشركات الانتقال من إدارة الاتصالات المعزولة التي تستهدف قنوات محددة، إلى تنسيق حملات سلسة عبر القنوات الشاملة لتشمل كل المنصات الإعلامية سواء كانت تقليدية أو ناشئة. يعد هذا التحول أمرحيويًا لتقديم رسالة متماسكة للعملاء طوال رحلتهم، سواء بدأت على موقع إلكتروني وانتهت بتفاعل على التطبيق أو في المتجر. من خلال إتقان هذا التنسيق، يمكن للشركات تعزيز استجابة العملاء ومشاركتهم، مما يؤدي في نهاية المطاف إلى تحويل المبيعات. يعتمد التخصيص على نطاق واسع على محرك قرار مركزي يعتمد على النماذج التنبؤية والخوارزميات. يقرر هذا المحرك بذكاء أي من الرسائل والعروض والتجارب يتم تقديمها لكل عميل بشكل فردي عبر مختلف القنوات مع تحسين تكرار الاتصال لتحقيق أقصى كفاءة دون التسبب في خسارتهم أو إجهادهم. يعمل هذا المحرك كـ "وصفة تخصيص" موجهًا تقديم المحتوى المصمم إلى كل عميل أو قطاع جزئي، مما يضمن تجربة

للعلامة التجارية متسقة ومؤثرة عبر نقاط الاتصال الرقمية.

لا يتطلب تحقيق التخصيص على نطاق واسع اعتماد التكنولوجيا فحسب، بل يتطلب تحولًا تنظيميًا شاملًا. يتضمن هذا إعادة هيكلة المنظمة والنموذج التشغيلي لتسهيل تجارب مخصصة وسلسة عبر القنوات، والتخلي عن الهياكل التقليدية المنعزلة. ومن أجل تنفيذ التخصيص بكفاءة عبر القنوات، يقوم فريق متخصص متعدد الوظائف يتكون من الرؤساء التنفيذيين للأعمال والتكنولوجيا بالإشراف على برنامج التحول. يتم تكليف هذا الفريق بتحديد الاستراتيجية، وإعطاء الأولوية لحالات الاستخدام، وإعداد دراسة جدوى وتنفيذ خريطة الطريق. وعلاوة على ذلك، إن دمج الفرق الرقمية والمطبعية على جميع المستويات، ومواءمة التحفيزات التنظيمية تعد من الخطوات المحورية لدفع النجاح عبر القنوات الشاملة. ويعتبر دعم القيادة العليا أمرًا ضروروريًا لضمان التوافق مع أهداف المنظمة والمحافظة على القوة الدافعة على مدار رحلة متعددة السنوات لتمكين قدرات التخصيص عبر القنوات.

3.4 أتمتة التسويق بالذكاء الاصطناعي

في الساحة الحالية سريعة التطور، يجب على الشركات اعتماد تكنولوجيا البيانات والذكاء الاصطناعي للحفاظ على التنافسية والملاءمة في السوق. تتيح التكنولوجيا المدعومة بالذكاء الاصطناعي للمسوقين تطوير استراتيجيات تجربة العملاء القائمة على عائد الاستثمار على نحو غير مسبوق مع وجود التسويق بالذكاء الاصطناعي في مقدمة هذا التطور. تظل الشركات المتميزة في التسويق بالذكاء الاصطناعي هي الاستثناء وليست القاعدة. بالنسبة لمعظم الشركات، إن الشروع في رحلة تحولية نحو اعتماد الذكاء الاصطناعي مازال يمثل تحديًا كبيرًا. ولكن، في عالم التسويق بالذكاء الاصطناعي، تشكل الأتمتة المسار لتحسين الكفاءة والفاعلية. تستطيع الشركات تسريع عمليات تنفيذ مبادرات التخصيص عبر الثنوات الشاملة والقنوات المتقاطعة، من خلال أتمتة العمليات والاستفادة من رؤى الذكاء الاصطناعي. وبذلك، تعزز الأتمتة مستويات متزايدة من التفاعل والرضا للعملاء، مما يدفع في نهاية المطاف بنمو الأعمال والنجاح في المشهد التنافسي الحالي.

تقوم أتمتة التسويق بتبسيط مهام التسويق وسير العمل باستخدام برمجيات التكنولوجيا، وتحسين الكفاءة والفاعلية في تنفيذ الاستراتيجيات. ويتضمن ذلك جدولة الحملات عبر رسائل البريد الإلكتروني، ووسائل التواصل الإجتماعي والرسائل النصية. وتمكّن التكنولوجيا من جدولة حملات متعددة الخطوات، أو رحلات العميل المبنية على سلوكيات ونقاط اتصال محددة. وتقدم بعض المهام خدمات لقنوات متعددة، بينما تتخصص الأخرى في المنصات، مثل وسائل التواصل الاجتماعي. تبشر أتمتة التسويق بالذكاء الاصطناعي بإعادة تشكيل نهجنا التسويقي، مما يجعله أكثر كفاءة وتخصيصًا وتأثيرًا. يستغل المستهلكون هذه التقنيات بشكل روتيني، مثل المشاركة مع روبوتات الدردشة أو استخدام المساعدين الافتراضيين للتسوق عبر الإنترنت أو البحث عن معلومات باستخدام أليكسا Alexa.

تعتبر سيفورا[28] Sephora مثالًا قويًا على كيفية تحويل الذكاء الاصطناعي للتسويق. يحصل العملاء على توصيات مخصصة وتجارب مكياج افتراضية، وذلك من خلال الحلول المبتكرة مثل روبوت الدردشة والفنان الافتراضي لسيفورا المدار بواسطة خوارزميات تعلم الآلة. إن روبوت الدردشة الخاص بسيفورا والمدعوم بالذكاء الاصطناعي يحسن من تجربة العميل بشكل كبير من خلال محاكاة التفاعلات مع مساعدي المبيعات المتطلعين. تبرز هذه المبادرات التزام سيفورا بالابتكار وتظهر إمكانات الذكاء الاصطناعي في إحداث ثورة لمشاركة العملاء في التسويق. علاوة على ذلك، فإن دمج أتمتة التسويق بالذكاء الاصطناعي عبر منصات سيفورا يؤكد على أهمية الاستفادة من تقنيات الذكاء الاصطناعي لتقديم تجارب عملاء مخصصة وسلسة على نطاق واسع.

---

[28] iTechnolabs: How Sephora Is Using Technology Like AI and AR to Engage with Customers? - 2024

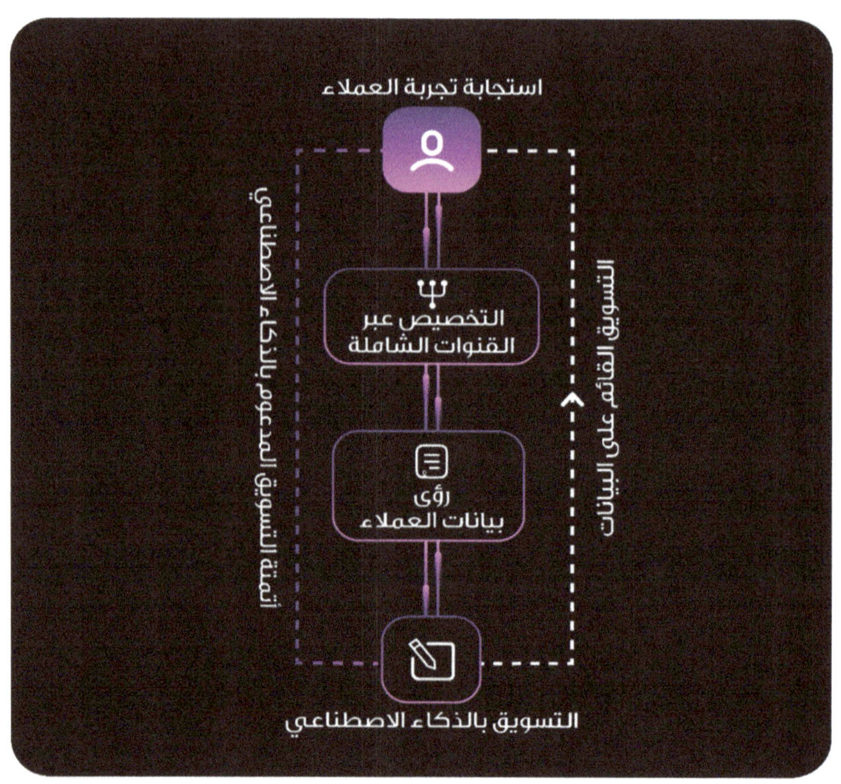

أتمتة التسويق المدعومة بالذكاء الاصطناعي

تعد الاستفادة من إمكانات الذكاء الاصطناعي أمرًا ضروريًا لتحقيق الآلية التحولية في التسويق. يزود الذكاء الاصطناعي المسوقين بقدرات لا مثيل لها، لتحليل مجموعات بيانات ضخمة وتبسيط العمليات من خلال أتمتة عمليات التسويق والإعلان، في ظل عصر تسيطر عليه البيانات. تم تصميم محركات التوصيات، على سبيل المثال، لتوقع تفضيلات المستخدمين، خاصة في الحالات التي تتوفر فيها العديد من الخيارات. يمكن لهذه المحركات إما تقديم توصيات بوضوح للمستخدمين أو العمل في الخلفية لتنسيق المحتوى دون إدخال مباشر من المستخدم. وفي أي من هذه السيناريوهات، تكون أتمتة التسويق حاسمة لبعض الشركات، حيث تمكنها من التعرض لمحتوى قد لا يكتشفه المستخدمون بشكل آخر، أو إطالة مشاركة المستخدم بما لا يكون ممكنًا بغيرها.

يستخدم المسوقون أدوات ومنصات أتمتة التسويق لتحقيق أهداف متنوعة، تتراوح ما

بين الرسائل الإلكترونية الأساسية التي يتم إرسالها تلقائيًا عند حدوث سلوكيات محددة، إلى رحلات متعددة الخطوات أكثر تعقيدًا والتي تستجيب لتفاعلات العملاء. ومع ذلك، غالبًا ما تقصر الأتمتة الأساسية في تقديم التجارب المخصصة التي يتوقعها العملاء. ينبغي على المسوقين تخطي مرحلة الاستخدام الأولى إلى الاستفادة الكاملة من منافع الذكاء الاصطناعي في التسويق. ويتضمن ذلك الاستفادة من البيانات الإضافية لتحسين منطق الحملة وبناء القطاعات، مما يزيد من القيمة المستمدة من منصات الأتمتة. إن إنشاء حملات وقطاعات متعددة يقوي من تأثير برمجة أتمتة التسويق، مما يعزز من الاتصالات على نطاق واسع بدون أي تدخل يدوي. بالإضافة إلى ذلك، يؤدي دمج قنوات متعددة في منصة أتمتة موحدة إلى تحقيق عائدات هائلة مقارنة بالتركيز على القنوات الفردية فحسب. وفي النهاية، يعمل دمج أدوات أتمتة التسويق في ممارسات التقرير على إنشاء أتمتة الحلقة المغلقة، تعمل على تعزيز الأداء العام بدءًا من إنشاء الحملات إلى تحليل الأداء الثاقب.

إن تريليس Trellis [29] منصة قوية لتسويق التجارة الإلكترونية تعتمد على الذكاء الاصطناعي، والتحليلات المتقدمة، والأتمتة، حيث تعمل على تعزيز استراتيجيات التجارة الإلكترونية للعلامات التجارية بشكل ملحوظ. فمجموعة الأتمتة الشاملة الخاصة بها 4P وهي- المكان والمنتج والمحتوى والترويج، تقوم بضبط دقيق لموقع الإعلانات، وتعزيز لمحتوى المنتج، ضمان للصفقات المُثلى، وأتمتة استراتيجيات التسعير. فمن خلال الرؤى القائمة على البيانات، والبحث بالكلمة الأساسية، والاختيار الأمثل للعروض اليومية، يتمكن المعلنون من توسيع وجودهم في السوق بكفاءة، وتحسين عائد الاستثمار عبر المنصات البارزة مثل أمازون Amazon و وولمارت Walmart. إن تكامل أتمتة التسويق القائم على الذكاء الاصطناعي يبشر بعصرٍ جديدًا في الصناعة، مستعدًا لإحداث ثورة في ممارسات التسويق من خلال تعزيز الكفاءة، والتكيف بسلاسة مع سلوكيات العميل المتطورة، والاستجابة السريعة لاتجاهات السوق الديناميكية.

إن الاستفادة من بيانات العملاء تتطلب ذكاءً استراتيجيًا. بينما يبدو التسويق بالذكاء الاصطناعي واعدًا، فإن دمج ذكاء العميل يعد أمرًا أساسيًا لإدراك أكثر الطرق فاعلية

---

[29] Upendra Varma: Trellis In-Depth Review: Features & Alternatives - 2023 (Updated)

لاستخدام البيانات لتحقيق النتائج المرجوة. ويفيد ذكاء العميل الانتقاء التكتيكي، سواء كان الأمر يتعلق بإعادة جذب العملاء أو تنمية الآمال. يتحول التركيز من مجرد توليد للنقر إلى تقوية العلاقات مع العلامة التجارية من خلال رسائل مصممة خصيصًا للجمهور المناسب، المحدد من خلال الرؤى والتحليلات التنبؤية. ويعد الوصول الموثوق لبيانات العملاء أمرًا حيويًا لتحقيق أتمتة التسويق. ومع ذلك، فتجزئة بيانات العملاء عبر الأنظمة المختلفة تشكل تحديًا كبيرًا. من خلال توحيد بيانات العملاء من الطرفين الأول والثالث في منصة بيانات العملاء (CDP) الموحدة، يمكن للمسوقين الوصول السريع إليها والثقة في دقتها، مما يعزز استراتيجيات تجربة العملاء وفقًا لذلك. باستخدام الذكاء الاصطناعي، تستطيع الشركات إطلاق عنان الإمكانات لتسريع التخصيص عبر القنوات الشاملة والاتصالات.

إن التنشيط يمثل النقطة المحورية لجمع الجهود للاستفادة بكفاءة من أتمتة التسويق وبيانات العملاء. بينما يعد امتلاك بيانات عملاء عالية الجودة أمرًا أساسيًا، إلا أن قيمتها الحقيقة تظهر من خلال خطواتها القابلة للتنفيذ. فيصبح الدمج السلس بين أدوات التسويق عبر القنوات المتقاطعة وأدوات التسويق عبر القنوات الشاملة أمرًا حتميًا، حيث يمكّن فرق التسويق من مشاركة العملاء عبر نقاط اتصال متنوعة بمحتوى مخصص يتماشى مع تفضيلاتهم. إن منصات الذكاء الاصطناعي التوليدي مثل MidJourney و Stable Diffusion تسهل إنشاء محتوى على نطاق واسع، يتراوح من النصوص إلى الصور، مع تطورات الآن تمتد إلى الفيديو والصوت. وتعمل هذه المرحلة الأخير على تعزيز التخصيص على نطاق واسع، مما يبرز المزايا القوية لإدارة بيانات العملاء، والذكاء الاستراتيجي، والتي تؤدي في النهاية إلى تجارب مخصصة وشاملة عبر القنوات.

على سبيل المثال، تستخدم سايبر المحدودة[30] Cyber Inc. التسويق بالذكاء الاصطناعي بطريقة استراتيجية لتنظيم العمليات، وتحسين إنشاء المحتوى، والتركيز بشكل خاص على تحدي توليد مقاطع فيديو تدريبية لتوسيع نطاق الأعمال. يسهل التسويق بالذكاء الاصطناعي إنتاج مواد تعليمية عالية الجودة بتكلفة فعالة، مع تعزيز قدرات الذكاء الاصطناعي التوليدي ومعالجة اللغة الطبيعية (NLP) في تحليل المحتوى بصيغ متعددة.

---

[30] *Synthesia: Cyber Inc. Creates Training Courses with Its Own Avatar, Alan Rees - 2023*

تعمل معالجة اللغة الطبيعية على التمكين من استخراج المعلومات، وتحديد أنماط اللغة، وتحليل المشاعر، وترجمة اللغات، واضعة .Cyber Inc في مقدمة الرواد في الصناعة. بينما تُعيد تشكيل ساحة التعليم عبر الإنترنت، تضمن .Cyber Inc تجارب تعلم متميزة ومتاحة في قطاع الأمن السيبراني، مما يظهر الأثر التحولي للذكاء الاصطناعي في تمكين الوصول العالمي إلى المعرفة الرائدة.

وفقا لتوقعات دراسة أجرتها ماكينزي McKinsey [31] ، فإن مجال التسويق على شفا تحول كبير من خلال اعتماد الذكاء الاصطناعي. بجانب المبيعات، يُعترف بأنه الوظيفة التجارية التي تتمتع بأكبر تأثير مالي. بالنسبة للمسوقين، فإن هذا يؤكد أهمية استغلال الذكاء الاصطناعي للاستفادة من إمكاناته التحولية وتحرير مزاياه العديدة، مثل زيادة الكفاءة والتخصيص المستهدف وتيسير العمل. ومع تقدم التكنولوجيا، زادت أهمية أتمتة الذكاء الاصطناعي في عمليات التسويق. قام دمج معالجة اللغة الطبيعية بالتمكين من الوصول إلى رؤى أعمق حول سلوكيات المستهلكين، مما أدى إلي سهولة تنفيذ حملات إعلانية فائقة التخصيص. علاوة على ذلك، قامت روبوتات الدردشة المدعومة بالذكاء الاصطناعي والمساعدون الافتراضيون بإحداث ثورة في تجربة العملاء، من خلال تقديم المساعدة في الوقت الفعلي. يسعى المسوقون الذين يتبنون تطور التسويق بالذكاء الاصطناعي إلى استغلال الفرص الجديدة، وتعزيز الكفاءة، ودفع النمو، مما يشكل مستقبلًا ديناميكيًا في مجال التسويق.

3.5
دمج تكنولوجيا التسويق وتكنولوجيا الإعلان

في ظل الضغوط الاقتصادية في المشهد التسويقي المعاصر، تواجه الشركات التحدي المزدوج لتحقيق عائدات استثمار قصيرة الأجل بينما تحافظ على قيمة العلامة التجارية وثقة العملاء طويلة الأجل. وبجانب ضرورة الحفاظ على النمو السريع للأعمال، تصطدم الشركات بعقبات مختلفة، بما في ذلك التحول الرقمي وقيود الموازنة وخصوصية المستهلك

---

[31] McKinsey & Company: AI=Powered Marketing and Sales Reach New Heights with Generative AI - 2023

وأمن البيانات، وكل ذلك أثناء تكييفها مع تفضيلات المستهلكين المتطورة. وللتنقل في هذه الأراضي المعقدة، قام قادة الصناعة بالاستثمار في تكنولوجيا الإعلان (Ad Tech) و تكنولوجيا التسويق (MarTech)، وذلك باستخدام الذكاء الاصطناعي لتطوير البنية التحتية التكنولوجية. فمن خلال الجمع الاستراتيجي والدمج السلس لمجموعات تكنولوجيا التسويق وتكنولوجيا الإعلان، تستطيع الشركات تحقيق نتائج تجارية فورية ودفع النمو والاستدامة بينما توازن بين وظائف التسويق والإعلان.

بينما تشترك تكنولوجيا التسويق وتكنولوجيا الإعلان في العديد من القواسم المشتركة، إلا أنهما يظهران اختلافات ملحوظة في التركيز والتشغيل. فتتمحور كلتاهما حول أتمتة وظائف التسويق، واستغلال الأحجام الضخمة للبيانات للحصول على الرؤى. تركز تكنولوجيا التسويق أساسًا على عمليات المسوق الداخلية، وتجارب المستهلك الرقمية، واستخدام بيانات الطرف الأول. وعلى العكس، تعمل تكنولوجيا الإعلان في الغالب على نطاق خارجي، حيث تركز على تداول الوسائط واستخدام بيانات الطرف الثالث. ويختلف هيكل التمويل أيضا، حيث يتم تمويل تكنولوجيا الإعلان عادة كجزء من موازنة الإعلام، بينما يتم تمويل تكنولوجيا التسويق من خلال موازنة التسويق العامة أو التكنولوجيا. وغالبا ما تلفت تكنولوجيا الإعلان الانتباه بفضل تطبيقاتها المبتكرة، مثل دفع النمو في التلفزيون المتصل، مما يسهم في إرتفاع مكانتها بالمقارنة مع تكنولوجيا التسويق.

يعتمد نجاح المؤسسات بشكل كبير على العمليات الرشيقة المدعومة ببنية تحتية تكنولوجية قوية. يسهل دمج تكنولوجيا التسويق وتكنولوجيا الإعلان العمليات المبسطة واتخاذ القرارات القائم على البيانات، وتحسين الحملات التسويقية وتنقيح استراتيجية تجربة العملاء، مما يضمن التنافسية في السوق. ويقوم المسوقون وبشكل متزايد بدمج حلول برمجيات تكنولوجيا الإعلان في البيئة النظامية لتكنولوجيا التسويق، بسبب مزاياهم التنافسية. تمكّن هذه الأدوات العلامات التجارية من تتبع سلوكيات العميل وأفعاله عبر الإنترنت، حيث توفر رؤى فورية عن اهتمامات العميل وإعلاناته وقنواته وأجهزتة المفضلة. فمن خلال الاستفادة بمنصة بيانات العملاء (CDP)، يستطيع المسوقون نشر المحتوى بكفاءة عبر عدة قنوات، باستخدام منصة تسويق متعددة القنوات. بينما تعتبر كل محاولة تسويقية فريدة من نوعها،

فإن النهج القائم على تكنولوجيا التسويق وتكنولوجيا الإعلان عادةً ما يشمل مكونات واستراتيجيات قياسية.

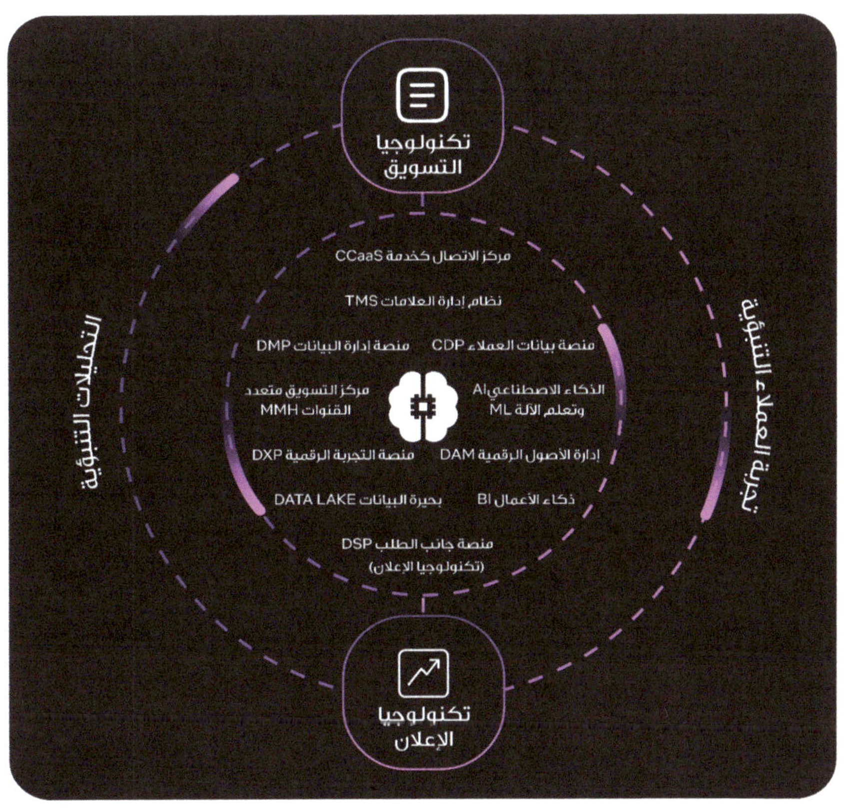

حزم تكنولوجيا التسويق وتكنولوجيا الإعلان

بدأت تكنولوجيا التسويق وتكنولوجيا الإعلان في التقارب بسبب التركيز على المحتوى الرقمي والسعي إلى توفير تجارب عملاء أفضل وأكثرها ملاءمة. ويساعد هذا التقارب المسوقين الرقميين في صياغة رحلات للعملاء أكثر مشاركةً. لقد انتقلنا من الدمج المفاهيمي إلى الدمج التطبيقي، مما يؤكد على الحاجة إلى التعاون السلس وتوافق البيانات بين وظائف التسويق والإعلان. فقد أصبح التقسيم التقليدي بين تكنولوجيا التسويق وتكنولوجيا الإعلان في تضاؤل. فيقوم قادة الصناعة في تكنولوجيا التسويق مثلLiveRamp ، وNeustar، وExperianبدمج ممارسات تكنولوجيا الإعلان لتعزيز الرشاقة والحوكمة. وصار هذا التقارب واضحًا في الإنتقال من اعتماد تكنولوجيا الإعلان على ملفات تعريف الارتباط، إلى

استخدام تكنولوجيا التسويق لبيانات الطرف الأول (PII) ضمن منصات بيانات العملاء (CDPs) مع تراجع ملفات تعريف الارتباط من الطرف الثالث.

واجه إنديد [32] Indeed، وهو موقع توظيف رائد يجذب 300 مليون زائر شهريًا، تحديات في تبسيط رحلة التوظيف للشركات الصغيرة. بسبب مصادر البيانات المجزئة، مما أدى إلى التكرار والتضارب. ولمعالجة ذلك، نفذت Indeed منصة بيانات العملاء (CDP)، لإنشاء رؤية موحدة للعملاء ودمجتها مع منصات جانب الطلب (DSP) لتحسين حملات الإعلان عبر الإنترنت. فمن خلال الاستفادة من منصة بيانات العملاء لجمع بيانات العملاء ودمجها مع منصة جانب الطلب لتحسين الإعلان، قدمت Indeed إعلانات مستهدفة في الوقت الفعلي مبنية على الرؤى وحسنت من أداء الإعلانات من خلال الرسائل المخصصة. وسهل هذا التحول إطلاق الحملات في نفس اليوم، وتوفير رؤى الجمهور شبه فوريًا، وتعزيز تكوين جمهور، وزيادة الكفاءة بمقدار عشرة أضعاف، مما ساهم بشكل كبير في تحسين العمليات التسويقية.

تعزز التكنولوجيا الحديثة عائد الاستثمار عن طريق تبسيط العمليات، وأتمتة المهام، وتمكين عمليات اتخاذ القرارات القائم على البيانات- اندماج حيوي بين التكنولوجيا والاستراتيجية في التسويق المعاصر. على سبيل المثال، تقدم Salesforce مجموعة شاملة تدمج بسلاسة الذكاء الاصطناعي ومنصة بيانات العملاء، وإدارة علاقات العملاء (CRM) مع حل سحابة البيانات من Snowflake. ويمكن هذا التعاون المنظمات من تخصيص تجارب العملاء عبر الحملات، والمعاملات وتفاعلات الدعم. من خلال الاستفادة من سحابة البيانات والتسويق لـSalesforce بجانب قدرات ذكاء الأعمال لـ Tableau و Snowflake، تسهل الشركات مشاركة البيانات ثنائية الاتجاه و zero-ETL (الاستخراج والانتقال والتحميل)، مما يؤدي إلى إثراء الرؤى، وتحسين الملفات الشخصية للعملاء، وتوسيع نطاق المبادرات المخصصة.

---

[32] Snowflake: Unlock the Power of Customer Data with Snowflake - 2023

عادة ما تتضمن هيكلة البيانات الحديثة تنفيذ منصات بيانات العملاء، ومستودعات البيانات المستندة إلى السحابة. تمكن هذه المنصات من جمع كميات كبيرة من البيانات من مصادر داخلية وخارجية، وحفظها وتحليلها. وبالإضافة إلى ذلك، فإن التقنيات التي تتمحور حول الخصوصية مثل غرف البيانات النظيفة يمكن أن تستخدم لتيسير التعاون على البيانات دون المساس بالخصوصية الفردية. وبشكل عام، تهدف هذه الهيكلة لبناء نهج موحد ومنظم لإدارة البيانات، مما يضمن الامتثال للوائح الخصوصية مع تمكين التعاون الفعال في تكنولوجيا الإعلان. ومع تطور حزم بيانات التسويق الحديثة، يتزايد التأكيد على اللوائح والمخاوف المتعلقة بالخصوصية. ولذلك، يجب على الشركات التعامل مع البيانات بمسئولية وأخلاقية. وتستطيع الشركات، باعتماد هذه الهيكلة، أن تضمن تماثلها للوائح الخصوصية، أثناء استغلالها للبيانات بفعالية للأغراض التسويقية.

إن دمج النماذج اللغوية الكبيرة (LLMs) والذكاء الاصطناعي التوليدي في حزم تكنولوجيا التسويق وتكنولوجيا الإعلان يعمل على إحداث ثورة في التسويق. وإن اعتماد الذكاء الاصطناعي التوليدي يتنوع عبر الصناعات. بينما بعض الأدوات المحددة المبنية على الذكاء الاصطناعي، مثل روبوتات الدردشة لخدمة العملاء، قد شهدت اعتمادًا عبر القطاعات، فإن حلول الذكاء الاصطناعي التوليدي من المحتمل أن تعتمد أولاً من قِبل الصناعات التي تحتاج إلى أن تكون في طليعة التكنولوجية. تستفيد منظمات التسويق من الذكاء الاصطناعي التوليدي في إنشاء المحتوى وتحسين الإعلانات وتقسيم شرائح العملاء، مما يساعد على تخصيص جهود التسويق. يستخدم قطاع التجزئة والتجارة الإلكترونية الذكاء الاصطناعي في إدارة المخزون، وتحديد التسعير الأمثل، والقضاء على الاحتيال، وأنظمة التوصيات فائقة التخصيص لتحسين تجربة تسوق العملاء. وبشكل عام، فدمج الذكاء الاصطناعي يمكن المسوقين من التكيف مع مطالب المستهلكين، والدفع بحملات مؤثرة بكفاءة.

مع تزايد تبنّي عالمنا للرقمية، تتزايد الضرورة لتحسين الأمان وكشف الاحتيال. وهذه الضرورة ملحة بشكل خاص لصناعات مثل المؤسسات المالية، والتي على دراية بالغة بالأصول المعرضة للخطر، والمعلومات، وتداعيات الخصوصية. فبدون ثقة العملاء في هذه

الضمانات الأساسية، ستواجه الشركات عقبات وخيمة في جذب العملاء والاحتفاظ بهم. لتعزيز حمايتها ضد الاحتيال، تلجأ العديد من الشركات إلى النماذج اللغوية الكبيرة. فالاستفادة من النماذج اللغوية الكبيرة يمكن الشركات من أتمتة كشف الاحتيال عن طريق تحديد الأنماط التي تدل على أنشطة احتيالية. وعلاوة على ذلك، فإن قابليتها للتوسع وكفاءتها وقدرتها على التعلم من أنماط السلوك البشري من خلال نماذج تعلم الآلة تجعلها حلاً جذابًا للشركات التي تبحث عن دقة وفعالية متزايدة في مكافحة المعاملات الاحتيالية.

مع مرور الوقت، تستمر تكنولوجيا التسويق وتكنولوجيا الإعلان في التداخل، مما يؤدي إلى تحسين الكفاءة والارتقاء بتجربة العملاء بشكل عام. حاليًا، تدار أدوات تكنولوجيا التسويق من قبل متخصصين يمتلكون مجموعة مهارات محددة. ومع ذلك، هناك اتجاه متزايد بين مزودي البرمجيات نحو تقديم حلول متكاملة تشمل وظائف تكنولوجيا التسويق وتكنولوجيا الإعلان. ومثال حديث على هذا الاتجاه، هو استحواذ Zeta Global، وهي شركة رائدة في تكنولوجيا التسويق، على شركة Sizmek لمنصة الطلب الجانبية DSP. في حين أن الحلول المستقلة ستظل لها مكان، يشير المشهد المستقبلي إلى أن المسوقين والوكالات سيكونون قادرين بشكل متزايد على الإشراف على كل من تكنولوجيا التسويق وتكنولوجيا الإعلان، بما في ذلك مجموعات البيانات المرتبطة بها بشكل أكثر انسجامًا. من المتوقع أن يسهم دمج تكنولوجيا التسويق وتكنولوجيا الإعلان في تبسيط توزيع الموارد عبر مختلف الأنشطة التسويقية، والذي من شأنه تعزيز الكفاءة التشغيلية. وفي النهاية، مع اتساع مبادئ تكنولوجيا الإعلان لتشمل جميع قنوات الوسائط، من المحتمل أن يسهم هذا التوافق في تحسين الكفاءة العامة لممارسات التسويقية

4. الارتقاء بالتخصيص من خلال تقنية الابتكار

يبرز الابتكار التكنولوجي كالمحفز الرئيسي لتحقيق التميز في تجربة العملاء. وعلى خلفية الديناميكيات الاقتصادية، هناك عوامل عدة تشكل مستقبل التسويق بالذكاء الاصطناعي: دمج التكنولوجيات الإعلانية والتسويقية، واعتماد أدوات الذكاء الاصطناعي المتقدمة، والمخاوف المتزايدة بشأن خصوصية البيانات والامتثال للوائح، والحاجة إلى بيانات العملاء الموحدة مباشرة. في التحول الرقمي، يصبح اعتماد هذه التقنيات الناشئة أمرًا ضروريًا لتلبية توقعات المستهلكين الحاليين.

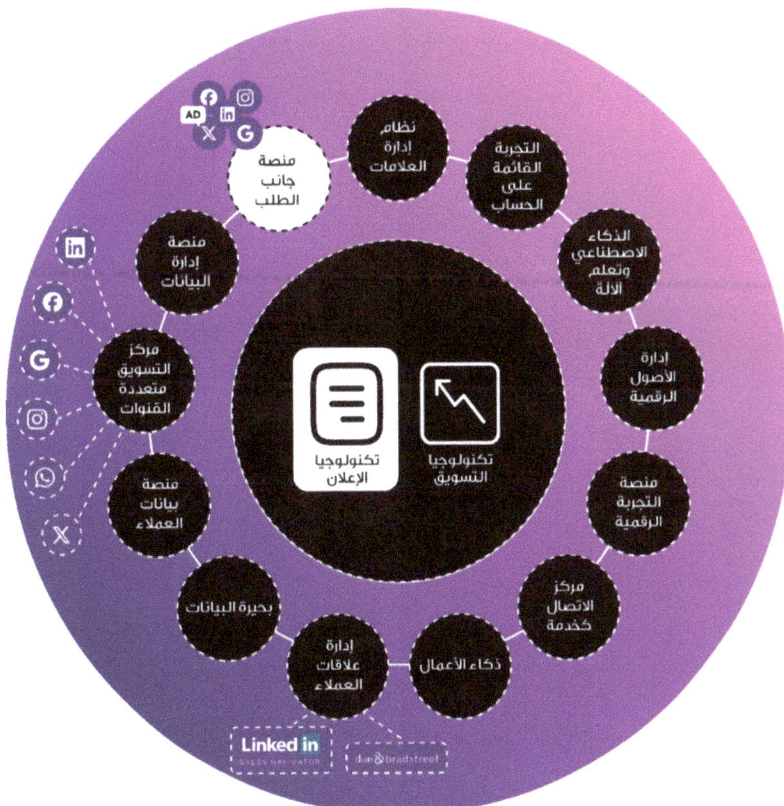

المخطط التقني للتخصيص على نطاق واسع

4.1 تخصيص القنوات المتقاطعة ب DXP

إن ديناميكيات الاحتفاظ بالعملاء واكتساب أخرين جدد قد خضعت لتغييرات تحولية، مما يؤكد على الضرورة الحيوية للشركات في التنقل ببراعة في العالم الرقمي، وتقديم تجارب سلسة ومخصصة. ولحسن الحظ، يوفر استخدام منصة التجربة الرقمية (DXP) القوية والمجهزة بالقدرات اللازمة حلًا عمليًا. فمن خلال استغلال قوة منصة التجربة الرقمية، تستطيع المنظمات تنمية التفاعلات الرقمية للمشاركة مع العملاء الجدد، وتقوية العلاقات مع العملاء الحاليين. من خلال أمثلة من الحياة الواقعية، تمتد عبر مجموعة متنوعة من القطاعات مثل الغذاء، والبيع بالتجزئة، والضيافة، والمنظمات غير الربحية، سنقوم بعرض التأثير التحولي للتجارب الرقمية المتميزة على أداء الأعمال.

تتجاوز تجربة العملاء الرقمية مجرد مرحلة التعرض، حيث تؤكد على مشاركة العملاء المخصصة والمباشرة عبر عدة قنوات وأجهزة للحفاظ على صورة العلامة التجارية المتسقة. تشير التجربة الرقمية إلى أي تفاعل يحدث بين العميل والعلامة التجارية عبر الإنترنت. ويتضمن ذلك تجربة زيارة موقعًا إلكترونيًا، أو تشغيل بحث عبر أليكسا Alexa، أو التفاعل مع روبوت محادثة، أو استخدام تطبيق على الهاتف المتحرك، أو متابعة علامة تجارية عبر منصة التواصل الاجتماعي، وكل ما يحدث بين هذا وذاك. على الرغم من أن هذه التجارب تحدث عبر عدد لا يحصى من نقاط الاتصال الرقمية وتتطلب تقنيات متعددة، إلا أن لديها جميعًا مكونين رئيسيين في الجوهر وهما: المحتوى والبيانات.

في جوهرها، تعتبر منصة التجربة الرقمية هي المحور المركزي الذي يمكن المسوقين من تقديم محتوى متسق وإشراكي للعملاء. فمن خلال دمج إدارة البيانات والأصول، والتجارة الرقمية، وإدارة علاقات العملاء، والتحليلات، والتخصيص المدمج، وأدوات الأتمتة، تقوم منصة التجربة الرقمية بالتبسيط السلس لعمليات إنشاء المحتوى الديناميكي وتقديمه عبر القنوات. فهي تعزز التفاعلات الهادفة بين العملاء والعلامات التجارية، بغض النظر عن الأجهزة المستخدمة. يقوم المسوقون بتعزيز الكفاءة من خلال تجميع العمليات في منصة تجربة رقمية واحدة. تمثل منصة التجربة الرقمية تطورًا طبيعيًا عن نظام إدارة المحتوى

التقليدي.

نجحت لوريال [33] L'Oreal في تنفيذ منصة التجربة الرقمية المدعومة من SiteCore،
لتعزيز تجربة العملاء الرقمية الخاصة بها. فمن خلال SiteCore، قام فريق التسويق بتقديم
محتوى مخصص عبر مختلف الأجهزة الرقمية والهواتف المحمولة، مما عمل على ضمان
مشاركة فعالة مع العملاء في كل نقطة تفاعل. تراعي القدرات الفريدة للقنوات الشاملة
التوطين الجغرافي وتخصيص المحتوى عبر 34 علامة تجارية و60 دولة، مما أدى إلى
ارتفاع ملحوظ بنسبة 75% في جلسات المستخدمين على الويب. ومع نظام إدارة المحتوى
الخاص ب SiteCore، يتم تبسيط عمليات إنشاء المحتوى المخصص، مما يعمل على تمكين
التخصيص النشط لتقديم الخدمة لشرائح عملاء محددة، والذي يؤدي إلى زيادة ملحوظة بنسبة
25% في تحويلات المبيعات. يؤكد إنجاز لوريال على الدور المحوري لمنصة التجربة
الرقمية في تسهيل عملية اتخاذ القرار القائم على البيانات، والتحسين في الوقت الفعلي،
وسلاسة تقديم التجارب عبر المنصات الرقمية.

يقوم المحتوى بدور شريان الحياة للتجربة الرقمية، ويشكل حجر الأساس لمشاركة
العملاء مع الجمهور الرقمي. فهو أمر حاسم في تشكيل تجربتهم، وتلبية استفساراتهم، وتوجيه
قراراتهم. وسواء كان يقوم بالإخبار، أو التسلية، أو التأثير، يعتبر المحتوى هو المستهلَك
الرئيسي للعملاء عبر مختلف القنوات. مع تطور رحلة المشتري نحو المنصات الإلكترونية،
تزداد الحاجة للمحتوى الرنان والخلاب. وعلاوة على ذلك، فإن ضرورة كون هذا المحتوى
سهل الوصول إليه عبر كل نقاط الاتصال حيث يتفاعل المشترون مع العلامة التجارية تظل
ثابتة. فمع المعرفة العميقة، تقوم منصة التجربة الرقمية بتقديم محتوى مخصص على القنوات
والأجهزة المناسبة والتوجيه نحو أفعال العملاء المرجوة.

إن الاستفادة من بيانات العملاء أمرًا حيويًا لتخصيص محتوى يلبي احتياجات الأفراد
بكفاءة عبر مختلف القنوات. من خلال منصة التجربة الرقمية(DXP)، يتم صقل شخصيات

---

[33] PR Newswire: Sitecore Reveal New Components Capability to Its Experience Manager
(XM) Cloud Platform, L'Oréal Creates Stand-Out global experiences with Sitecore, Ryan
Levitt - 2023

المشترِيين. ويتم رسم رحلات المستهلكين بدقة على المستوى الفردي والإجمالي. ويمكّن هذا النهج القائم على البيانات استراتيجيات المحتوى المستهدفة والمخصصة، مما يرفع بشكل عام من مستوى الرضا ومشاركة العملاء. ومع ارتفاع سقف التوقعات بخصوص التجارب الرقمية المخصصة، تلعب منصات التجارب الرقمية دورًا محوريًا في تحسين واجهة المستخدم (UI)، وتجربة المستخدم (UX) عبر القنوات والأجهزة، مما يضمن سلاسة التقديم والاتساق. تعتبر منصة التجربة الرقمية محفزًا فعالًا لتحقيق التميز في تجربة العملاء (CX)، مما يقوي من اتساق العلامة التجارية، وتحفيز ولاء العملاء الدائم.

يعمل دمج منصات تجارب العملاء مع تكنولوجيا الإعلان ، بما في ذلك منصات الطلب الجانبية (DSPs) على تحقيق المثالية التي تتجاوز المواقع الإلكترونية للعلامات التجارية وتطبيقات الهواتف المحمولة. تساعد منصة التجربة الرقمية على تمركز بيانات العملاء، مما يخلق ملفات تعريف موحدة لحملات الإعلانات الدقيقة، ضمن منصات الطلب الجانبية. يمكن تدفق البيانات المباشرة التحسين المستمر بناءًا على تفاعلات العملاء، بينما توفر التقارير المدمجة رؤية شاملة لأداء الحملة. يضمن هذا الدمج التعاوني تماشي الإعلانات الرقمية مع استراتيجيات مشاركة العملاء بشكل أوسع، مما يعزز كفاءة وفعالية حملات التسويق.

إن التوسع في تنفيذ منصة التجربة الرقمية لحزم تكنولوجيا التسويق وتكنولوجيا الإعلان يتطلب استراتيجية مرنة ومنهجية. يسمح النهج القياسي للتطوير بالإضافة الرشيقة أو حذف الوظائف، مع تطور النظام البيئي لمنصة التجارب الرقمية. يعتبر تبني بنية الخدمات المصغرة ضرورة لسلاسة الدمج مع تطبيقات الطرف الثالث، مما يعزز الرشاقة وقابلية التشغيل. ينبغي على المنظمات تصميم بنيتها التحتية لتكنولوجيا المعلومات لزيادة حركة المرور، مع النظر في الحلول المعتمدة على السحابة، وخدمات الاستضافة القابلة للتوسع. يعد استخدام أدوات دمج البيانات وواجهات برمجة التطبيقات (API) أساسيًا لتدفق بيانات سلس بين منصة التجربة الرقمية، وأنظمة تكنولوجيا التسويق وتكنولوجيا الإعلان، مما يضمن نظاما تكنولوجيا متزامنا.

في النهاية، إن تحسين أداء منصة التجربة الرقمية بتقديم تجارب سلسة ومتجاوبة للمستخدمين يتضمن تنفيذ آليات التخزين المؤقت، وشبكات توصيل المحتوى (CDNs)،

وتقنيات توازن الحمل. تضمن شبكات توصيل المحتوى (CDN) توصيل المحتوى للمستخدمين النهائيين بسرعة وكفاءة، بغض النظر عن موقعهم الجغرافي. تستطيع الشركات تعزيز تنفيذ منصة التجربة الرقمية عن طريق معالجة هذه الجوانب التقنية، مما يضمن سرعة الاستجابة والكفاءة في توفير تجارب رقمية سلسة للمستخدمين.

يتوقع مسار منصة التجربة الرقمية ابتكارًا مستمرًا مدفوع بالطلب المتزايد على تجارب العملاء السلسة والمخصصة عبر القنوات الشاملة. ويعزز هذا التطور التقنيات الناشئة مثل الذكاء الاصطناعي وتعلم الآلة و إنترنت الأشياء. وتتضمن التقدمات المتوقعة من منصة التجربة الرقمية زيادة التطور للتخصيص الفائق للمحتوى، وأتمتة التفاعلات المعقدة بين العملاء والعلامة التجارية. ويمكن لمنصة التجربة الرقمية مستقبلًا أن تقوم بدمج التحليلات المتقدمة، والرؤى المباشرة في الوقت الفعلي، ووضع النماذج التنبؤية للحصول على مشاركة عملاء استباقية، وذلك تماشيًا مع استراتيجيات مركزية العملاء. فتظل منصة التجربة الرقمية هي العنصر الأساسي للشركات التي تقدم تجارب عملاء لا مثيل لها في ظل هذا التحول الرقمي.

4.2
مشاركة العملاء في الوقت الحقيقي مع CDP

في الساحة الحالية القائمة على البيانات، تسعى منظمات التسويق إلى الاستفادة القصوى من الرؤي للوصول إلى الاستثمارات المثلى وتجارب العملاء رفيعة المستوى. ومع ذلك فإن وفرة البيانات من مختلف القنوات تشكل خطورة التشويش الهائل بدون استراتيجية إدارة واضحة. يواجه المسوقون تحدي تنظيم هذا التدفق الهائل من البيانات إلى رؤى قابلة للتنفيذ. وعلاوة على ذلك، فإن التنقل بين لوائح الخصوصية المتطورة والتحولات في سلوكيات المستهلكين يزيد من تعقيد هذه المهمة. ويجب أيضًا على المسوقين المحنكين المعتمدين على البيانات أن يجتازوا هذه التحديات لضمان النجاح. فإن بيانات العملاء تمثل الركن الأساسي لمستقبل كل الشركات، وذلك لتوفيرها رؤى قيمة لمواقف العملاء وتفضيلاتهم الشرائية.

لتحقيق ملكية فعّالة للبيانات وضمان تجارب عملاء لا مثيل لها، فإن الإدارة المحترفة وعملية تفعيل البيانات في الوقت الفعلي أمران لا غنى عنهما. تقدم منصة بيانات العملاء، الموجودة ضمن تكنولوجيا التسويق، حلولًا شاملة، حيث تستفيد من كل نقطة بيانات وأداة متاحة لصياغة تفاعلات متميزة بين العميل والعلامة التجارية. فمن خلال استخدام منصة بيانات العملاء، تتمكن المنظمات من تشكيل رؤية موحدة للعميل واستخدامها لتحسين المشاركات، وتوجيه التحويلات أثناء تعزيز الثقة في العلامة التجارية من خلال تبسيط حوكمة بيانات العملاء. وبالإضافة إلى ذلك، تعمل منصة بيانات العملاء على سهولة تقديم قيمة عالية، عن طريق استغلال موارد الحزم التكنولوجية الحالية. فمن خلال تمركز بيانات العملاء من مصادر لا حصر لها وجعلها متاحة لأنظمة التحليل والمشاركة، تقف منصة بيانات العملاء كحجر زاوية في سعينا نحو التميز في مركزية العملاء.

قبل استكشافنا لمنصات بيانات العملاء، من الضروري التفريق بين منصات بيانات العملاء (CDPs) ومنصات التجربة الرقمية (DXPs). فمنصات بيانات العملاء تركز على جمع بيانات العملاء وتنظيمها وتفعيلها، وذلك لإنشاء ملف تعريف موحد للعملاء. وفي نفس الوقت، تقوم منصات التجربة الرقمية بإدارة التجربة الرقمية بالكامل، بما فيها المحتوى، والتخصيص، ومشاركة المستخدمين عبر القنوات المتنوعة. تتخصص منصات بيانات العملاء في التسويق المخصص من خلال بيانات العملاء، في حين أن منصات التجربة الرقمية توفر منصات شاملة بتركيز أوسع على التجربة الرقمية بالكامل.

عند التفكير في منصة بيانات العملاء (CDP)، من الضروري إدراك تميزها عن منصة إدارة البيانات (DMP) التقليدية. فتعريف منصة بيانات العملاء هو إنها تقنية جمع البيانات بانتظام من مصادر متعددة وتوحيدها لإنشاء ملفات تعريف العملاء مباشرة، وجعلها سهلة الوصول لأدوات وأنظمة تكنولوجيا التسويق وتكنولوجيا الإعلان الأخرى. فهي توازن بين الرشاقة والثبات، مما يؤدي إلى سرعة توحيد البيانات أثناء تقديمها كمصدر موثوق لبيانات العملاء. على سبيل المثال، نهج البيانات أولا لتيليوم Tealium، المورد المحايد لمنصة بيانات العملاء يعطي الأولوية لدمج البيانات وسهولة الوصول ، مما يضمن دمج سلس مع حزم التسويق المتطورة. وبما أن المنظمات غالبا ما تطور من هياكل التسويق الخاصة بها،

فإن اعتماد حلول متوافقة مع مختلف أنظمة التشغيل لجمع البيانات من نقاط اتصال متعددة في مختلف البيئات التكنولوجية يحافظ على الرشاقة والقابلية للتكيف.

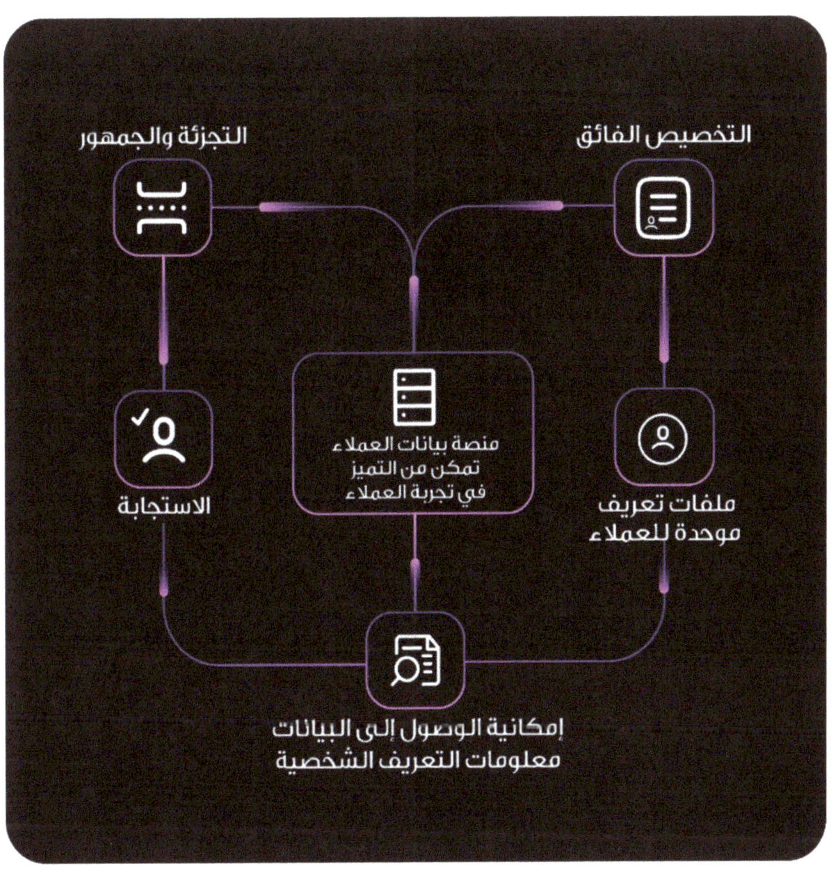

تحسين منصة بيانات العملاء

يبرز التحول للتسويق المتمركز حول العميل تفوق منصات بيانات العملاء (CDPs) على منصات إدارة البيانات (DMPs) التقليدية. بينما تتخصص منصات إدارة البيانات في بيانات الجمهور من الطرف الثالث للإعلان المستهدف، تركز منصات بيانات العملاء على دمج بيانات العملاء من الطرف الأول لجهود التسويق المخصصة. وبخلاف منصات إدارة البيانات، فإن منصات بيانات العملاء تعطي الأولوية لخلق رؤية شاملة عن العملاء، مما يمكن من المشاركة السلسة عبر نقاط الاتصال المتعددة والتماشي مع الاتجاهات الناشئة مثل

التسويق على الحساب. تتفوق منصات تجربة العملاء بسبب إعطائها الأولوية لبيانات الطرف الأول وتأكيد تماثلها مع لوائح الخصوصية وتفضيلات العملاء، وخصوصًا في سياق لوائح الخصوصية الصارمة مثل اللوائح العامة لحماية البيانات (GDPR).

إن GlobalMart[34]، العملاق العالمي في التجارة الإلكترونية، قام بتنفيذ منصة بيانات العملاء للارتقاء بتجربة عملائها بشكل استراتيجي. فمن خلال دمج تدفقات البيانات المتنوعة، تاريخ الشراء عبر الإنترنت، التفاعلات عبر الموقع الإلكتروني، مشاركات خدمة العملاء، ومعاملات المتجر، تقوم منصة بيانات العملاء بإنشاء ملفات تعريف موحدة للعملاء، مما يمكّن فريق التسويق في GlobalMart من تخصيص حملات الإعلانات.

تتكامل منصة بيانات العملاء بسهولة مع مركز التسويق متعدد القنوات (MMH) ومنصة التجربة الرقمية من خلال تفعيل البيانات مباشرة لتقديم توصيات مخصصة للمنتجات عبر قنوات مثل البريد الإلكتروني، والموقع الإلكتروني، ووسائل التواصل الإجتماعي، وجوجل Google، وتطبيقات الهواتف المحمولة. وتقترن منصة بيانات العملاء بمنصة الطلب الجانبية (DSP) لتحسين الإعلان السياقي المقدم من خلال عدة ناشرين عبر الإنترنت، وهو أمر حيوي في تبسيط معاملات المخزون الإعلاني في نظام الإعلان الرقمي.

تستخدم منصات بيانات العملاء خوارزميات تعلم الآلة لتحديد العملاء بدقة من خلال مقارنة ومطابقة معرّفات متعددة مثل عناوين البريد الإلكتروني وأرقام الهواتف، ومعرّف الأجهزة، وملفات تعريف الارتباط. فمن خلال استخدام كلا من التطابق الحتمي مع معرّفات معروفة والتطابق الاحتمالي المستخدم للنماذج الإحصائية وتعلم الآلة، تضمن منصات بيانات العملاء ارتباط دقيق لنقاط البيانات، مما يتيح استيعاب الاختلافات والتغييرات مع الوقت. بالإضافة إلى ذلك، غالبًا ما تدمج هذه المنصات تتبع الأجهزة المتعددة لتوحيد ملفات العملاء عبر المنصات والقنوات المختلفة، مما يعزز فهم رحلات العملاء.

إن عملية حل الهوية داخل منصة بيانات العملاء تلعب دورًا محوريًا في دمج البيانات

من مصادر وخواص متنوعة لتكوين ملفات شاملة للعملاء. وتحتوي هذه الخواص على سلسلة من المعرفات، بما في ذلك عناوين البريد الإلكتروني وملفات تعريف الارتباط ومعرفات الإعلان مثل معرف الإعلان للجوجل GAID، ومعرف المعلنين IDFA، وكلاهما ملفات تعريف شخصية PII وبيانات مجهولة. فبالاستفادة من الخوارزميات المتقدمة، تقوم منصة بيانات العملاء بتجميع هذه البيانات لإنشاء معرف دائم للعميل، مما ييسر استراتيجيات المشاركة المستهدفة عبر الأنظمة والحملات. يمكّن هذا التوحيد التسويق المخصص والتحليلات وغيرها من الأنشطة الموجهة نحو العميل، مما يعزز التجربة العامة للعميل ويدفع بنجاح الأعمال.

إن قابلية التوسع لمنصة بيانات العملاء أمر أساسي لمواءمتها مع استراتيجية النمو للشركة. ويعد دمج مصادر بيانات إضافية واستيعاب مجموعات بيانات أكبر، واعتماد أدوات ذكاء الأعمال المتقدم خطوات حاسمة ومكملة. إن الطبيعة القابلة للتوسيع بشكل ذاتي لمنصة بيانات العملاء تضمن فاعليتها المستمرة في إدارة بيانات العملاء والاستفادة منها مع توسيع نطاق الأعمال. وبسبب موقعها في طليعة تكنولوجيا التسويق، يقوم دور مركزية العملاء الخاص بمنصة بيانات العملاء بتمكين الشركات من تصميم جهود التسويق لتجربة العملاء حسب التفضيلات الفردية، وتعزيز العلاقات المتينة بين العميل والعلامة التجارية، وبناء الثقة، والتحسين من الولاء للعلامة التجارية ودعمها.

تصعد منصات بيانات العملاء بسرعة كحجر أساس لحزمة تكنولوجيا التسويق، وتتحول من أدوات إضافية إلى أصول لا غنى عنها. ويعترف المشترون بشكل متزايد بمنصات بيانات العملاء كمكونات ميزانية قياسية، مما يعكس دورهم المحوري في استراتيجيات التسويق المعاصرة. إن الإهمال الوشيك لملفات تعريف الارتباط من الطرف الثالث، لا سيما مع توقف دعم Chrome في 2022، يشير إلى تغيير جذري في نماذج التسويق الرقمي. فمنصات بيانات العملاء- الأساسية الآن- توفر القدرة على التكيف خلال تجاوز هذه التغييرات، وتقدم تحليلات رؤى شاملة ضرورية للاستخدام المؤثر لتكنولوجيا الإعلان. وتوقعًا لمستقبل خالي من ملفات تعريف الارتباط، تيسر منصات بيانات العملاء المشاركة المستهدَفة مع العملاء الحاليين عبر قنوات الوسائط المدفوعة، ، مما يؤدي إلى تحسين التكاليف وتعزز معدلات

التحويل من خلال التجزئة الدقيقة للجمهور. ويعد الإجراء الاستباقي ضروريًا للمنظمات، وذلك للحفاظ على التفوق التنافسي في هذا المشهد الديناميكي.

4.3 تنسيق رحلات العملاء عبر MMH

في الساحة الحالية سريعة التطور، تواجه الأعمال ضرورة حرجة للتأقلم مع تغييرات العملاء الديناميكية. وأكثر من أي وقت مضى، فإن رحلة رضا العملاء والاحتفاظ بهم، واكتساب عملاء جدد، تتطلب التخلي عن الحملات التقليدية المستندة إلى الأعمال والمنتجات. وبدلا من ذلك، فالتحول نحو توجهات مركزية العملاء، والاستناد إلى البيانات، والتخصيص الفائق يعد أمرًا أساسيًا. فيتطلب هذا التحول النموذجي حملات نشطة وقابلة للتكيف باستمرار، وتستجيب لاحتياجات العملاء وتفضيلاتهم المتطورة. ومع خضوع قواعد مشاركة العملاء لتحولات سريعة عالميًا، تعتبر المنظمات التي تستفيد من الإمكانيات الكاملة للحلول متعددة القنوات التي تعتمد على البيانات التحليلية متأهبة للتميز. فمن خلال تنسيق رحلة المستهلك عبر قنوات متعددة، تستطيع هذه الشركات إسعاد العملاء ونيل رضاهم، وكسب ولائهم والحفاظ عليهم، مما يفتح المجال للقيمة الفعلية للتخصيص على نطاق واسع.

إن مركز التسويق متعدد القنوات (MMH) منصة مصممة لتبسيط وتسريع عملية تنشيط البيانات، مما يعمل على تحسين تجارب العملاء عبر قنوات متعددة في آن واحد. ويستخدم مركز التسويق متعدد القنوات بيانات الجمهور المحددة والثرية لصياغة وتنشيط الاتصالات عبر القنوات المتعددة بسلاسة من خلال الاستفادة من البيانات ضمن منظومة التسويق بالذكاء الاصطناعي. إن دمج مركز التسويق متعدد القنوات مع منصات أخرى مثل Salesforce Marketing Cloud (SFMC) و Braze بيسر من نشر الرسائل بسهولة عبر القنوات الإعلامية المدفوعة والمملوكة، في أثناء تحسين استراتيجيات مشاركة العملاء. فمن خلال اعتماد نهج شامل متعدد القنوات، يضمن مركز التسويق متعدد القنوات رحلة عملاء سلسة، وتجارب علامة تجارية موحدة عبر نقاط الاتصال، حيث يمثل مستقبل أتمتة التسويق المدعوم بالذكاء الاصطناعي لتحقيق نجاح مستدام في الساحة الرقمية.

إن الركن الأساسي لتحقيق التميز في تجربة العملاء يكمن في تطوير استراتيجيات الأعمال التي تتجاوز التواصل التقليدي المعزول وتتبنى المشاركة عبر القنوات المتعددة. في التسويق المعاصر، تعد استراتيجيات "القنوات المتعددة"، و"القنوات الشاملة"، و "القنوات المتقاطعة" متميّزة. فتدمج القنوات المتعددة بين المشاركة الرقمية والشخصية المباشرة، وتعطي القنوات الشاملة الأولوية لمزيج قنوات مثالي، بينما تتضمن القنوات المتقاطعة قنوات رسائل متنوعة. على الرغم من أن الاختيار يعتمد على أهداف الشركات والتفاعل المطلوب مع العملاء، إلا أن استراتيجية القنوات المتقاطعة الناجحة تحدد مزيج القنوات المثالي، وتنشرها بتناغم لتقديم تجارب عملاء متميّزة، خاصة عندما يتعلق الأمر بدمج الرسائل خارج المنتج وداخله.

إن الرسائل خارج المنتج تتجاوز المنتج أو الخدمة، حيث تشمل طرق مثل الإعلانات، والرسائل البريدية، وحملات وسائل التواصل الاجتماعي. وعلى العكس، فالرسائل داخل المنتج تحدث داخل المنتج أو الخدمة من خلال النوافذ المنبثقة أو إشعارات التطبيق. يقوم نهج تقاطع القنوات الاستراتيجي بدمج القنوات الخارجية والداخلية لاعتماد استراتيجية تواصل موحدة. يضمن هذا النهج التناسق عبر نقاط الاتصال مع تكيف الرسائل مع السياق الفريد لكل قناة. تحقق العلامات التجارية نتائج أقوى من خلال دمج القنوات داخل المنتج وخارجه، مما يوفر تجربة رسائل متكاملة ومتناغمة عبر مختلف المنصات والأجهزة.

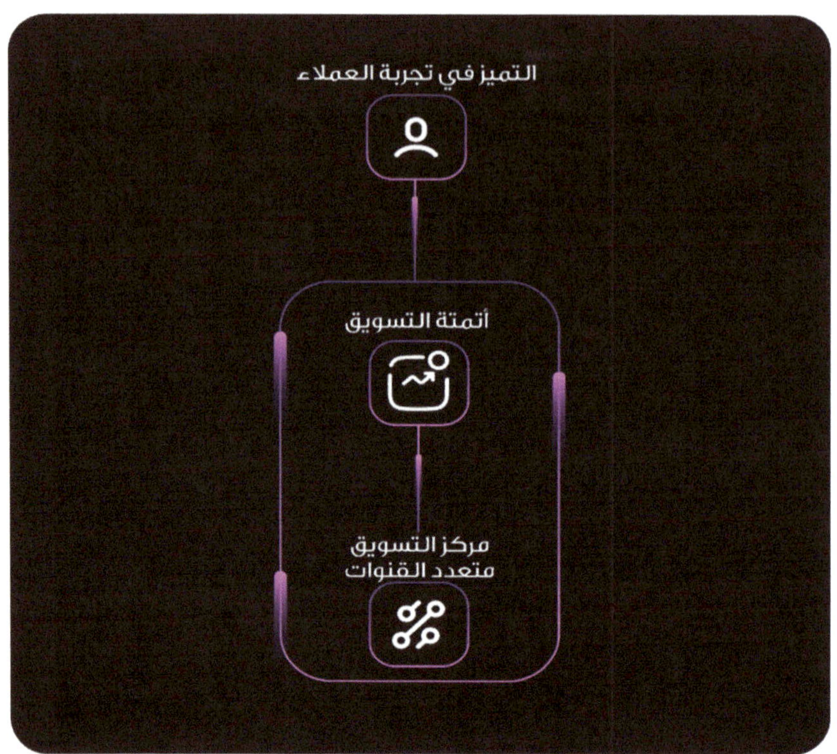

تنسيق الاتصال متعدد القنوات

إن النهج الاستراتيجي الشامل للقنوات المتقاطعة يضمن رحلة عملاء سلسة ومتناسقة عبر مختلف نقاط الاتصال. يمكن للشركات خلق حضور للعلامة التجارية موحد ومؤثر عن طريق الاستفادة من القنوات المختلفة استراتيجيًا، بناءً على نقاط قوتها واحتياجات الجمهور المحددة. يعزز التناغم بين الرسائل خارج المنتج وداخل المنتج تجربة العميل بشكل عام، مما يعزز المشاركة والرضا، والنتائج الإيجابية في نهاية المطاف. في الساحة التسويقية المعاصرة دائمة التغيير، يعد إتقان تفاصيل هذه الاستراتيجيات أمرًا بالغ الأهمية بالنسبة للشركات التي تسعى إلى التميز في نهج مركزية العملاء.

يعد الاستثمار في تقنيات مركز التسويق متعدد القنوات المتقدمة أمرًا أساسيًا لتطوير استراتيجيات التخصيص الشاملة عبر كل القنوات وعبر القنوات المتقاطعة، والتي غالبًا ما تتضمن استخدام خوارزميات متقدمة أو أدوات مدعومة بالذكاء الاصطناعي. تعتبر

تكنولوجيا مركز التسويق متعدد القنوات حلًا قويًا للمسوقين الذين يسعون لتنظيم حملات شاملة عبر مختلف نقاط الاتصال، مما يتيح التجارب المخصصة للعملاء. من خلال أتمتة التسويق، يقوم مركز التسويق متعدد القنوات من تبسيط العمليات، وأتمتة المهام، وتقليل الجهود اليدوية، والسماح بتعديلات الاتصالات مباشرةً بناءً على رؤى قائمة على البيانات. . يقوم هذا النهج المركزي والمتكامل بتحسين إدارة الحملات الإعلانية عبر القنوات المتنوعة، مما يعزز الكفاءة العامة لاستراتيجيات التسويق.

تقدم SFMC[35] مجموعة شاملة من الأدوات، والتي تمكن المسوقين من تنسيق وأتمتة الحملات بسلاسة عبر مختلف القنوات. على سبيل المثال، يمكن لعلامة تجارية في قطاع التجزئة التي تستفيد من SFMC إنشاء رحلات عملاء متماسكة ومخصصة تمتد عبر البريد الإلكتروني ووسائل التواصل الاجتماعي والإعلان عبر الإنترنت، مما يضمن توصيل رسائل متسقة. تتيح التحليلات القوية للمنصة تتبع أداء الحملة الإعلانية في الوقت الحقيقي وقياسها. تحسن تقنية مركز التسويق متعدد القنوات من قدرة العلامة التجارية على التواصل مع العملاء عبر نقاط الاتصال والقنوات المتعددة، مما يعزز مشاركة العملاء ويدفع لنجاح الشركات.

لتحقيق الحد الأقصى سن قيمة بقاء العميل، يبرز الدعم التقني الخاص ب SFMC لحملات البريد الإلكتروني، كقناة مستقلة تقدم نتائج قوية. بالنسبة للمسوقين الذين يسعون إلى تحقيق تأثير مميز، فإن دمج الرسائل في التطبيق مع حملات البريد الإلكتروني يخلق مزيجًا متوازنًا من القنوات داخل المنتج وخارجه. ولتعزيز الوصول والمشاركة بشكل أكبر، يضمن دمج الإشعارات المنبثقة والإشعارات عبر الويب تجربة شاملة للرسائل عبر المنصات، تتفاعل مع الجمهور عبر نقاط الاتصال المختلفة. يبرز هذا النهج المتكامل مرونة SFMC في توفير استراتيجية اتصال سلسة ومؤثرة مع العملاء.

تتجاوز أتمتة التسويق الكفاءة التشغيلية؛ إنها العنصر الأساسي الذي يُوحد المبيعات والتسويق، ويعزز قياس عائد الاستثمار، ويتعامل مع احتياجات الأعمال الديناميكية. في

---

[35] Salesforce.com: Salesforce Marketing Cloud, Build and Manage Personalized Customer Journey with Marketing Cloud - 2024

العصر الرقمي، حيث تكون مشاركة العملاء أمرًا حاسمًا، تعيد أتمتة التسويق تشكيل تفاعلات العملاء مع العلامة التجارية وتحقيق نتائج ملموسة. إن تقنية مركز التسويق متعدد القنوات تقوم بجمع بيانات العملاء من مختلف نقاط الاتصال مثل إدارة علاقات العملاء، ووسائل التواصل الاجتماعي، والبريد الإلكتروني. وتمكن هذه الرؤية الشاملة المسوقين من فهم سلوكيات العملاء، وتصميم الاتصالات المخصصة في الوقت الحقيقي. يعزز مركز التسويق متعدد القنوات مشاركة العملاء، ويضبط استراتيجيات تجربة العملاء بدقة، لتتماشى مع احتياجات الجمهور المتطورة، مما يضمن نجاحًا مستدامًا في الساحة الرقمية.

يلعب مركز التسويق متعدد القنوات دورًا محوريًا في الحفاظ على تماسك العلامة التجارية عبر مختلف قنوات الاتصال، والتعرف على تفاعلات المستهلكين متعددة الأوجه مع العلامة التجارية في الساحة الرقمية حاليًا. فمن خلال تمكين المسوقين من العمل على تزامن الرسائل ومبادرات العلامة التجارية، يضمن مركز التسويق متعدد القنوات هوية علامة تجارية موحدة عبر جميع نقاط الاتصال، هو أمر أساسي لتعزيز الثقة بالعلامة التجارية وتلبية توقعات المستهلكين المعاصرين. وباعتبار مركز التسويق متعدد القنوات على إنه مستقبل أتمتة التسويق المدعوم بالذكاء الاصطناعي، فهو على وشك التطور من أجل تعزيز توافق تشغيلي أكبر ضمن حزمة تكنولوجيا التسويق، مما يسهل التحول من النهج التقليدي المتمحور حول الحملات إلى نموذج شامل ومتعدد القنوات ومتمحور حول العملاء. فهذا التطور الاستراتيجي لا يعزز الكفاءة فحسب، بل يرفع أيضًا من مستوى التميز في تجربة العملاء، مما يعكس الطبيعة الديناميكية لممارسات التسويق المعاصرة.

4.4 حلول أتمتة التسويق ب AL ML

التغيير هو جزء دائم من الأعمال، وتشهد مجالات التسويق تحولات هامة في الوقت الحالي. فدخول الذكاء الاصطناعي (AI) وتعلم الآلة (ML) في التسويق يقود هذا التطور، حيث تقدم أدوات التسويق الذكية ومنصات الذكاء الاصطناعي التوليدي مثل ChatGPT وGPT الخاص ب OpenAI فرصًا عديدة لفرق التسويق لتعزيز أدائها. تستخدم هذه المنصات هياكل مشابهة تعتمد على المحولات لتوليد نصوص تشبه التي يستخدمها البشر

بناءً على مدخلات البيانات. يمثل الذكاء الاصطناعي وتعلم الآلة ميزة قيمة للمسوقين، حيث يمكن أن يعزز بشكل كبير وظائف رئيسية داخل مجال التسويق. يعتبر فهم احتياجات العملاء، ومواءمتها مع المنتجات والخدمات، والتأثير على قرارات الشراء من الجوانب الأساسية لأنشطة التسويق، والتي يمكن تعزيزها بشكل كبير من خلال قدرات الذكاء الاصطناعي.

إن تقنيات الذكاء الاصطناعي مثل معالجة اللغة الطبيعية (NLP)، وتعلم الآلة، وتحليل المشاعر تلعب دورًا محوريًا في توجيه عمليات اتخاذ القرار، مما يضمن محافظة الشركات على الميزة التنافسية وتجاوز تحديات السوق الديناميكية بكل ثقة. إن رواد الصناعة الذين يسخّرون وبشكل استراتيجي ممارسات مشاركة البيانات الحديثة ضمن منصات بيانات المؤسسة يتولون القيادة في ساحة الذكاء الاصطناعي التحويلي. يقضي الذكاء الاصطناعي على احتكاك البيانات، ويبسط عمليات هندسة البيانات، ويقلل من تكاليف التسويق، ويمكّن من إمكانيات التسويق التنبؤي. فهو الركن الأساسي للمنظمات التسويقية المتطلعة التي تلتزم بدمج حلول الذكاء الاصطناعي في عملياتها. في النهاية، يمكن للذكاء الاصطناعي أن يمنحنا القدرة على تحقيق التخصيص على نطاق واسع.

إن قطاع الخدمات المالية[36] يمر بتحول تسويقي يدفعه التطور التكنولوجي السريع والتركيز على الكفاءة التشغيلية. تستفيد البنوك الرائدة من التحليلات المتقدمة وتعلم الآلة والذكاء الاصطناعي لأفضل خطوة تسويقية لاحقة ونماذج المبيعات. ومع اعتماد مرتفع أكثر من العادة على الذكاء الاصطناعي وتعلم الآلة، خصوصًا للوظائف الأساسية مثل اكتشاف الاحتيال وإدارة المخاطر، يظهر القطاع وجودًا ملحوظًا في فئة تفعيل بيانات العملاء، متجاوزًا ثاني أعلى صناعة بنسبة 28%. يؤكد الاستخدام السائد لتقنية منصة بيانات العملاء على تفضيل القطاع لمستودع بيانات موحدة، مما يحسن من الكفاءة التسويقية ككل.

يضم الذكاء الاصطناعي تطوير أنظمة الكمبيوتر التي تظهر ذكاء شبيه بالبشر عبر مجموعة متنوعة من المجالات، بما في ذلك التعلم، والاستدلال، وحل المشكلات، وفهم اللغة

___

[36] Deloitte.com: How Artificial Intelligence is Transforming the Financial Services Industry

الطبيعية، والتعرف على الكلام، والإدراك البصري. فبداخل الذكاء الاصطناعي، يعمل تعلم الآلة كمجموعة جزئية متخصصة، حيث يركز على إنشاء خوارزميات تمكن أجهزة الكمبيوتر من التعلم من البيانات وتحسين الأداء دون برمجة صريحة. في حين يمثل الذكاء الاصطناعي مفهومًا أوسع حيث يهدف إلى بناء وكلاء أذكياء، يقدم تعلم الآلة تقنية محددة لهؤلاء الوكلاء لاستخلاص الرؤى وتحسين الأداء من خلال التعلم التجريبي. يوفر استخدام تقنيات الذكاء الاصطناعي وتعلم الآلة العديد من الفوائد، بما في ذلك تعزيز قدرات اتخاذ القرارات، وأتمتة المهام المتكررة، وتحسين الدقة في التحليلات التنبؤية، وتجارب المستخدم المخصصة، وزيادة الكفاءة التشغيلية.

من خلال تسخير قوى الذكاء الاصطناعي وتعلم الآلة، تستطيع المنظمات فتح فرص جديدة للابتكار، وتحسين العمليات التجارية، والبقاء في المقدمة في الساحة التكنولوجية المتطورة بسرعة حاليًا. تمكّن مجموعة منتجات Salesforce Einstein فرق المبيعات والتسويق وخدمة العملاء من إنشاء محتوى شخصي وجذاب. من خلال Einstein للتسويق، تزود Salesforce المسوقين بواجهة متصلة بالذكاء الاصطناعي والتي تعمل على التحسين من تصور الحملة وتقسيم الجمهور وإنشاء المحتوى. يمكن للمسوقين إنشاء قطاعات للجمهور بسرعة وتنقيح الاستهداف باستخدام استعلامات اللغة الطبيعية لسحابة بيانات Salesforce. بالإضافة إلى ذلك، يمكنهم أتمتة إنشاء محتوى البريد الإلكتروني والاستفادة من أدوات الذكاء في القطاعات لتقييم أداء الحملة.

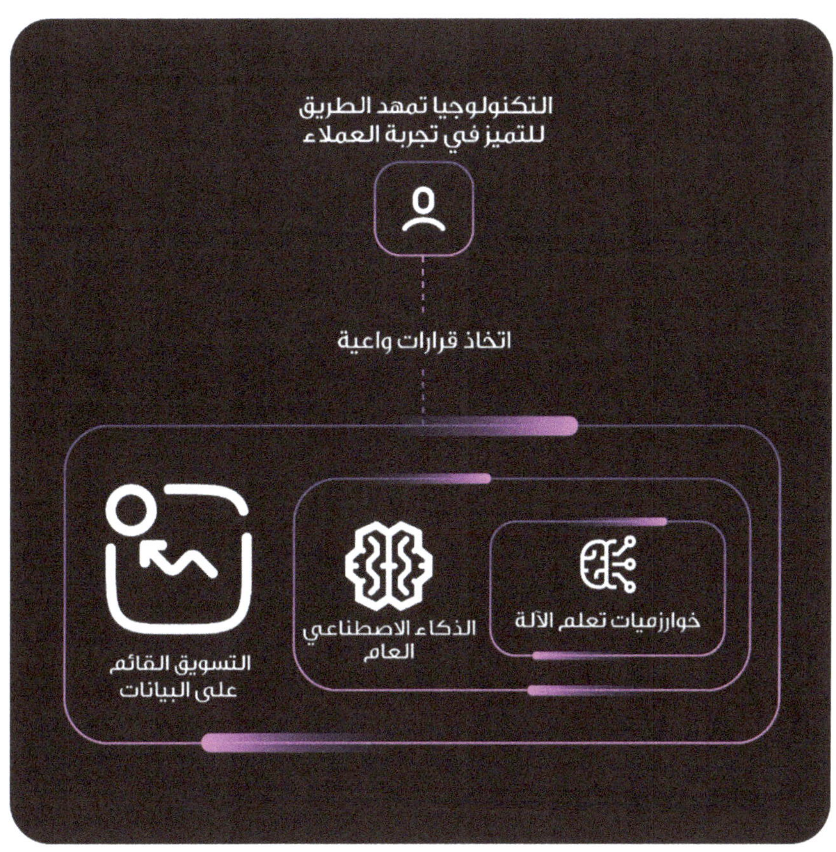

ذكاء القرارات المدعوم بالذكاء الاصطناعي

يعمل دمج النماذج اللغوية الكبيرة (LLMs) والذكاء الاصطناعي التوليدي في حزمة بيانات التسويق على تحويل الحملات الإعلانية، مما يؤدي إلى تعزيز التقسيم والتنسيب لتحسين العائد الاستثماري. يعد النموذج اللغوي الكبير من خوارزميات الذكاء الاصطناعي التي تستخدم تقنيات التعلم العميق ومجموعات البيانات الضخمة لفهم المحتوى الجديد وتلخيصه وتوليده والتنبؤ به. ويرتبط مصطلح الذكاء الاصطناعي التوليدي ارتباطًا وثيقًا بالنماذج اللغوية الكبيرة، وهي في الواقع نوع من أنواع الذكاء الاصطناعي التوليدي المصمم خصيصًا للمساعدة في توليد محتوى مستند إلى النص. تسرع النماذج اللغوية الكبيرة من عملية إنشاء المحتوى، والتي تولد بكفاءة صيغ نصية متنوعة. وتعمل معالجة اللغة الطبيعية المتقدمة لديهم على تحسين الأدوات، مما يطور من تفسير اللغة لروبوتات الدردشة بشكل

أكثر فعالية. فمن خلال معالجة مصادر البيانات المتنوعة، تقدم النماذج اللغوية الكبيرة رؤى قيمة حول الاتجاهات وتحليل المشاعر وديناميكيات السوق، مما يعزز تخصيص تجربة العميل من خلال الحملات المخصصة والتفاعلات.

يسعى التسويق إلى التميز في تجربة العملاء من خلال استخدام الذكاء الاصطناعي وتعلم الآلة لاكتساب رؤى أعمق للعملاء، مما يمكّن من إنشاء برامج مخصصة يتم تفصيلها حسب تفضيلات كل فرد. ينتج هذا التحول نحو مركزية العملاء مستويات غير مسبوقة لتجربة العملاء، مع ظهور التحليلات التنبؤية كضرورة استراتيجية، مما يمكن المسوقين من توسيع نطاق الأنشطة وتحقيق أقصى قدر من عائد الاستثمار. يتبنى المسوقون نهجاً يتسم بالرؤية المستقبلية عن طريق توقع الأداء المستقبلي، وتحسين الإنفاق على الإعلانات، وتنقيح استراتيجيات كل القنوات. بالإضافة إلى ذلك، في التحليلات التنبؤية، تقدم النماذج الحتمية والاحتمالية نهجين متنافسين، مما يسهم في التوجيه لاختيار النموذج الأنسب، استنادًا إلى المشاكل المحددة، والبيانات المتاحة، واليقين المرغوب فيه لعملية اتخاذ القرارات.

واجهت Comcast[37] تحديات ضخمة خاصة بالبيانات، ومسارات التنفيذ الهشة، والتعاون المحدود في علم البيانات. قامت Databricks، بما فيها MLflow، بتحويل التحديات الخاصة بالبيانات، حيث أنشأت مسارات تنفيذ فعالة، وأتمتت تعلم الآلة، وخفضت تكاليف الحوسبة بمقدار 10 مرات. أدى هذا التحديث إلى تجربة مشاهدة من الطراز الأول مع خاصية التعرف على الصوت وتعلم الآلة، مما يبرز التزام Comcast بالابتكار. فقد قام نهج التحليلات المبسط بتعزيز التعاون العالمي، وسرّع مدة نشر النماذج من أسابيع إلى دقائق، ومكن فريق البيانات من بناء نماذج جديدة بسرعة والتدرب عليها.

يعد تعلم الآلة التلقائي أداة محورية في تبسيط عمليات الذكاء الاصطناعي على مدار دورة حياة المستهلك، ويلعب دورًا حاسمًا في تمكين ممارسي البيانات والعاملين في المعرفة. تشير توقعات IDC لعام 2024 أن أكثر من 30% من مبادرات الذكاء الاصطناعي والتشغيل التلقائي ستستفيد من أدوات التطوير بدون أكواد، مما يسهم في قابلية التوسع في التحول

---

[37] Databrick.com: Transforming Home Entertainment with Voice, Data, and AI, Jan Neumann - 2023

الرقمي وإتاحة الذكاء الاصطناعي للجميع. إن التعقيدات التقليدية في تحضير البيانات لتعلم الآلة، والتي تتضمن خطوات مثل معالجة البيانات، وهندسة الخواص، واختيار الخوارزمية، يمكن أن تشكل تحديات كبيرة. فيعالج تعلم الآلة التلقائي هذه العقبات من خلال تبسيط اختيار الخوارزمية، وتحسين مُعامِل الضبط وتحقيق أقصى حد من أداء النموذج، مما يجعل تعلم الآلة أكثر كفاءة لممارسي البيانات.

إن مستقبل الذكاء الاصطناعي وتعلم الآلة في التسويق يحمل وعودًا كبيرة، حيث من المتوقع تحقيق تطورات في النمذجة التنبؤية، والتخصيص الفائق، والإبداع المدعوم بالذكاء الاصطناعي. من المتوقع أن تحقق التحليلات التنبؤية دقة فائقة، مما يمكن المسوقين من التنبؤ بالاتجاهات واحتياجات العملاء. وسيتم توسيع التخصيص الفائق بشكل أكبر، مع إنتاج الذكاء الاصطناعي التوليدي لمحتوى جديد، مثل النصوص والصور والموسيقى، أصليًا وليس مستمدًا مباشرة من أمثلة موجودة بالفعل. صار دور الذكاء الاصطناعي في العمليات الإبداعية، مثل توليد المحتوى والتصميم، على وشك التوسع، مما يدفع بالابتكار والكفاءة. ومع دمج هذه التقنيات في استراتيجيات التسويق بشكل أكبر، تتجه الصناعة نحو الذكاء المعزز، حيث يتعاون البشر والآلات معًا لفتح آفاق جديدة في الابتكار التسويقي.

4.5 أتمتة التسويق والمبيعات ب CRM

مع تطور أنظمة إدارة علاقات العملاء بسرعة نتيجة للتقدمات التكنولوجية، وتفضيلات المستهلك المتغيرة، تواجه الأعمال فرص وتحديات جديدة. مع التركيز على اتخاذ القرارات القائمة على البيانات والتخصيص، يعتمد مستقبل إدارة علاقات العملاء على استغلال التكنولوجيات الحديثة والحصول على رؤى أعمق حول العملاء، ودمج البيانات بسلاسة عبر جميع نقاط الاتصال. لقد تحولت كيفية تعامل المؤسسات مع إدارة علاقات العملاء بالكامل من خلال دمج التكنولوجيات الحديثة مثل الذكاء الاصطناعي والبيانات الضخمة ووسائل التواصل الاجتماعي، مما يمكّن الشركات من تنفيذ حملات مبيعات وتسويق أكثر دقة ونجاحًا.

تحمل نظم إدارة علاقات العملاء قوة تحولية من خلال تحسين عمليات الأعمال وإحداث ثورة في العلاقات مع العملاء. يمكن لهذا أن يمكن المؤسسات من تبسيط العمليات وتعزيز الاتصالات الهادفة مع العملاء من خلال إدارة بيانات شاملة واستراتيجيات المشاركة المخصصة. تسمح أدوات الذكاء الاصطناعي لك بتحويل العملاء المحتملين إلى مبيعات بشكل سريع. ويمكنك تحليل أنماط تحويل العملاء المحتملين بنجاح واقتراح النهج المخصصة، مثل أنماط التواصل المحددة أو العروض الترويجية، لزيادة احتمالية تحويل العملاء المحتملين. يتم استخدام خوارزميات تعلم الآلة لبناء نماذج تقييم العملاء المحتملين استنادًا إلى معاملات مثل سلوك الاتصال، والتفاعل، والمعلومات الديموغرافية، وما إلى ذلك. فإن نظام تقييم العملاء المحتملين مثل هذا يساعد فرق المبيعات في التركيز على العملاء المحتملين الذين قد يتحولون.

تدمج المنظمات التقدمية وظائف الذكاء الاصطناعي وتعلم الآلة داخل منصات إدارة علاقات العملاء الخاصة بهم، لأتمتة المهام وتخصيص تفاعلات العملاء. ويتيح اعتماد السحابة الوصول لأنظمة إدارة علاقات العملاء، مما يجعلها فعالة من حيث التكلفة للشركات عبر كل القطاعات. إن نظم إدارة علاقات العملاء المعاصرة تستخدم التحليلات التنبؤية لإرشاد القرارات الاستراتيجية، بينما تعمل الأتمتة على تحسين سير العمل، ويعزز الذكاء الاصطناعي مساعي التسويق، والمبيعات، وخدمة العملاء. وتقوم استراتيجيات إدارة علاقات العملاء بمشاركة العملاء من خلال قنوات وسائل التواصل الاجتماعي، وتضمن حلول إدارة علاقات العملاء للأجهزة المحمولة تشغيل سلس على الأجهزة المحمولة لخبراء الخدمة والمبيعات. بعيداً عن إدارة المعاملات، تعد منصات إدارة علاقات العملاء الحديثة أدوات محورية لتنمية علاقات متينة مع العملاء طوال مرحلة قُمع المبيعات.

منذ دمج منصة 6sense في مايو 2022، قامت LilyAI[38] بإحداث ثورة في استراتيجيات التسويق القائم على الحساب. لقد قاموا بتحسين ترتيب الحسابات حسب الأولوية والتواصل المخصص من خلال تنقيح قوائم الحسابات المستهدفة وإعطاء الأولوية لملفات

---

38 6sense.com: 6sense Empowers Lily AI's G-To-Market Teams to prioritize, Operationalize, and Win - 2023

تعريف العملاء المثاليين (ICP). يضمن الدمج السلس مع نظام إدارة علاقات العملاء الخاص ب Salesforce أن يحصل البائعون على قوائم حسابات دقيقة. ومن خلال الاستفادة من 6sense، تقوم فرق Lily AI بتحسين استهداف الحسابات، ومزامنة جماهير الإعلانات، وتخصيص حملات التسويق، وتحسين كفاءة الذهاب إلى السوق. وبعد مواجهة Lily AI في السابق لتحديات في تحديد الأولويات بناءً على البيانات، فهي ترى الآن زيادة 9.5 مرات أكثر في عمليات التحويل من الحسابات في مراحل متقدمة ونسبة نجاح بلغت 69% في الفرص التي تم الفوز بها من تطابقات الملفات الشخصية القوية.

تمثل إدارة علاقات العملاء الحديثة تحولًا جذريًا مع الدمج الكامل لواجهة برمجة التطبيقات API وثراء الذكاء الاصطناعي، مبشرة بدخول عصر جديد لمشاركة العملاء. كشفت دراسة أجرتها Beagle Research Group وOracle عن الإحباط من إدارات علاقات العملاء التقليدية بين فرق المبيعات وخدمة العملاء. فمع قدرات الذكاء الاصطناعي وتعلم الآلة، تطورت إدارة علاقات العملاء الحديثة إلى منصة متينة، مغيّرة من منظور المستخدمين. فلم تعد تعتبر كتطبيق واحد بل تقدم ميزات متقدمة تمكّن فرق المبيعات وخدمة العملاء من المشاركة في محادثات مخصصة. ويحلل الذكاء الاصطناعي التفاعلات السابقة وتعليقات العملاء وبيانات أدوات الدردشة، مما يمكن من إرسال رسائل مصممة خصيصًا وبناء الثقة من خلال التفاعل مع العملاء. هذا التحول يعزز التفاعل والرضا لدى العملاء عبر رحلتهم بأكملها.

يعمل نظام إدارة علاقات العملاء الشامل والحديث كمستودع مركزي، مقدماً لمستخدميه رؤية موحدة للحسابات، وجهات الاتصال، والعملاء المحتملين. وهذا أمر حيوي لتحقيق النجاح في تقديم خدمة عملاء متميزة، وهي نقطة مركزية في استراتيجيات إدارة علاقات العملاء الحديثة. تعمل أتمتة إدارة علاقات العملاء على تحسين كفاءة المبيعات وخدمة العملاء من خلال تنفيذ مهام مثل حملات البريد الإلكتروني المفعلة بمجرد حدوثها، وتوجيه المكالمات الآلي، والمتابعات المخصصة، مما يعزز من تحويلات المبيعات والكفاءة التشغيلية.

أثبتت إدارة علاقات العملاء إنها أصل لا غنى عنه في عالم التسويق القائم على البيانات (ABM). تكمن قوتها في الإدارة المركزية للبيانات الشاملة حول الحسابات التجارية

الرئيسية، مما يخلق ملفًا موحدًا ومفصلاً لكل كيان مستهدف. يعد هذا النهج مركزيًا في تنفيذ استراتيجيات التسويق القائم على البيانات. ضمن هذا الإطار، يظهر تقييم العملاء المحتملين كأداة ديناميكية، حيث يتم إعطاء الأولوية إلى الحسابات ذات القيمة العالية استراتيجياً استنادًا إلى معايير محددة مثل مستويات مشاركة العميل المحتمل، والبيانات الديموغرافية، والميل للتحويل إلى مبيعات. وهذا، بدوره، يضمن توجيه الجهود التسويقية والمبيعات بدقة، والتركيز على الفرص التجارية الواعدة، مما يعزز من نهج أكثر تنظيمًا وفعالية في إدارة العلاقات التجارية الاستراتيجية.

قد زادت مرونة منصات إدارة علاقات العملاء (CRM) في تعزيز فائدة تقييم العملاء المحتملين في التسويق المبني على الأشخاص، مما يسمح بتخصيص نماذج تقييم العملاء المحتملين لتتماشى مع الأهداف والتفضيلات الدقيقة للشركات التي تتعامل مباشرة مع المستهلكين (DTC). بالإضافة إلى ذلك، تمكن قدرات التحليلات المتينة المنظمات من استخلاص رؤى قابلة للتطبيق، مما يوفر أساسًا قائم على البيانات لتحسين وتنقيح استراتيجيات المبيعات مع مرور الوقت. يسهل الذكاء الاصطناعي وتعلم الآلة التفاعل الفردي مع العملاء المحتملين، من خلال تقديم محتوى ذي صلة وقابل للتكيف السريع مع ديناميكيات العملاء المتغيرة. تكمن قوة المنصة في تمركز واستغلال بيانات الاتصال والعملاء المحتملين، مما يمكّن من تنفيذ استراتيجيات التسويق المبنية على الأشخاص والتي تعزز العلاقات الدائمة مع العملاء.

عند تطبيق إدارة علاقات العملاء الحديثة، يدخل اعتباران رئيسيان حيذ التنفيذ. فعلى اليسار تأتي الخصائص الفريدة لكل من إدارة علاقات العملاء والمنظمة، معترفة بالتباينات المحتملة حتى مع استراتيجيات التخصيص. وعلى اليمين، تقوم المنظمات بتفصيل إدارة علاقات العملاء لتلبية احتياجاتها المحددة في التسويق والمبيعات أثناء التنفيذ. فمع تحصين إدارة علاقات العملاء الحديثة، يعد التكوين الحذر أمرًا حيويًا، مع الاعتراف بتأثيره على المدى الطويل. على الرغم من أن ذلك قد يستلزم التزامًا لمدة 20 عامًا، فإن التحديثات المستمرة والتطورات في مجال الذكاء الاصطناعي تخفف من المخاطر المرتبطة.

تقوم إدارات علاقات العملاء بدمج أدوات تكنولوجيا التسويق المدعومة بالذكاء

الاصطناعي التي تعزز التكامل السلس عبر أقسام المبيعات والتسويق وخدمة العملاء، وتعزز التعاون. تقدم هذه المنصات المتقدمة دعمًا قويًا لفرق المبيعات من خلال توفير بيانات محسّنة ووظائف مطوّرة لتفاعل العملاء. بالإضافة إلى ذلك، تتفوق في تقديم محتوى مفصّل وتجارب مخصصة، مما يؤدي إلى ولاء العملاء والاحتفاظ بهم بشكل متزايد. تعد أتمتة التسويق خاصية رئيسية، حيث يتم تبسيط التفاعلات الروتينية من خلال جهود التسويق الرقمي المخصصة. فمن خلال تحليلات البيانات القوية وقدرات الذكاء الاصطناعي وتعلم الآلة، تقدم أنظمة إدارة علاقات العملاء الحديثة رؤى قيمة حول سلوكيات العملاء وتفضيلاتهم. وتقلل من التكاليف من خلال أتمتة التسويق والقدرة على التوسع، مما يؤدي إلى تأسيس خدمة عملاء متميزة.

4.6 تطوير بيانات تجربة العملاء ب BI

تلعب أدوات ذكاء الأعمال (BI) دورًا محوريًا في إعادة تعريف تحليل تجربة العملاء من خلال توفير رؤى شاملة حول سلوكيات العملاء وتفضيلاتهم. تمكن هذه الأدوات المنظمات من تحليل كميات ضخمة من البيانات بكفاءة، مما يكشف عن أنماط واتجاهات قيمة تؤثر في اتخاذ القرارات الاستراتيجية. يمكن للشركات ضبط منتجاتها وخدماتها بفعالية لتلبية احتياجات العملاء من خلال فهم تفضيلات العملاء ونقاط الألم. وهذا لا يعزز فقط رضا العملاء بل يعزز أيضًا ولائهم على المدى الطويل ويحفز نمو الإيرادات. في الساحة التنافسية الحالية، حيث تعتبر تجربة العملاء هي المميز الرئيسي ، تعد الاستفادة من أدوات ذكاء الأعمال لتحليلات العملاء أمر أساسي للبقاء على رأس السلم والحفاظ على التنافسية.

إن تحليلات تجربة العملاء هي عملية جمع بيانات العملاء وتحليلها، بهدف فهم أفضل لاحتياجات العملاء وآرائهم وتجاربهم مع منتجاتك وخدماتك. يجب على المنظمات جمع البيانات وتحليلها من خلال تحليلات تجربة العملاء. تنشأ هذه البيانات من مصادر مختلفة، بما في ذلك مبيعات المتجر، واستطلاعات رأي العملاء، وتفاعلات وسائل التواصل الاجتماعي، وتصفح الموقع الإلكتروني، واستخدام تطبيق الهاتف المحمول، وإعادة الشراء، واسترداد القسائم، وبرامج الولاء، وترك السلة دون إتمام الشراء. لذلك، من الضروري تحليل

هذه البيانات المتنوعة للحصول على تحليل عميق لبيانات العملاء.

تكتسب أدوات ذكاء الأعمال أهمية متزايدة كأحد الموارد الأساسية للمنظمات التي تسعى لتحسين عمليات اتخاذ القرار في تجربة العملاء. تم تصميم هذه التطبيقات البرمجية لجمع البيانات وتحليلها من مصادر متنوعة، مما يمكن المنظمات من استخلاص رؤى ذات مغزى لاتخاذ القرارات المستنيرة. تتميز أدوات ذكاء الأعمال في اكتشاف الأنماط وتحديد الترابطات وإبراز الاتجاهات ضمن مجموعات البيانات المعقدة. يتم تحويل الناتج إلى رؤى قابلة للتنفيذ، مما يمكن الشركات من تطوير تقارير شاملة ولوحات تفاعلية وتصورات بصرية.

أصبح كل تفاعل بين العميل والعلامة التجارية فرصة تجارية من خلال تحليلات تجربة العملاء التنبؤية، مما يمثل تحولًا من النهج التفاعلي إلى النهج الاستباقي القائم على العملاء، ويعرّف ثورة تحليلات تجربة العملاء. فقد غيرت هذه التحولات رحلة التسويق جذريًا، مما أتاح للشركات المشاركة بشكل أكثر فعالية مع قاعدة عملائها. فمن خلال استخدام أدوات ذكاء الأعمال والتحليلات، يمكن للمسوقين مراقبة أداء حملات الإعلان، وتحليل التكلفة لكل عميل محتمل، وتتبع عائد الاستثمار، ومراجعة تحليلات حركة المرور على الموقع، كل ذلك بينما يكتسبون رؤى قابلة للتنفيذ من لوحات التحكم في التسويق لتحسين استراتيجية تجربة العملاء بشكل مستمر.

سواء كنت مسوقًا أو قائدًا في مركز الاتصال، يمكنك استخدام طرق وأدوات تحليل مختلفة لقياس تجربة العملاء، بدءًا من التحليلات التنبؤية إلى درجة رضا العميل (CSAT)، ودرجة جهد العميل (CES). فهما من مؤشرات الأداء الرئيسي (KPIs) الحيوية لقياس استراتيجية تجربة العملاء الخاصة بك. يعد تقييم سهولة تفاعلات العملاء أمرًا أساسيًا لتحسين تجربة العملاء. تُعتبر درجة جهد العملاء مقياسًا قيمًا، حيث يتم قياس مدى الجهد الذي يبذله العملاء لحل المشكلات. وتوفر استطلاعات درجة جهد العميل رؤى حول المجالات التي تحتاج إلى تحسين في تجربة العملاء عبر نقاط الاتصال المختلفة، بهدف تبسيط العمليات وتقليل جهد العملاء.

إن قياس رضا العملاء من خلال تنفيذ استطلاعات عن درجة رضا العملاء (CSAT)

يعتبر مقياسًا حيويًا يستخدم لقياس رضا العملاء عبر نقاط الاتصال المختلفة طوال رحلتهم. فمن خلال استخدام استفسارات مثل "كم كنت راضيًا؟" ونظام التقييم بالنجوم يتراوح من 1 إلى 5، مكّن حل الذكاء الاصطناعي لـ Dialpad المنظمات من جمع ملاحظات العملاء الغير مفلترة بسرعة. وبفضل سهولة إعداد استطلاعات درجة رضا العملاء من خلال حساباتهم عبر الإنترنت، يمكن للمسوقين جمع البيانات بكفاءة لتيسير عمليات اتخاذ القرارات المستنيرة.

إن التحدي الملحوظ المرتبط بتقييم درجة رضا العملاء يكمن عادة في معدلات الاستجابة المنخفضة، حيث أن متوسط العملاء الذين يكملوا الاستطلاعات لا يتعدى 5%. وعلاوة على ذلك، فالمستجيبون غالبا ما يكونون راضين للغاية أو غير راضين، مما يؤدي إلى تفسيرات مغلوطة للنتائج. تعالج خاصية درجة رضا العملاء المدعومة بالذكاء الاصطناعي من Dialpad هذا التحدي بشكل ماهر من خلال نسخ المكالمات، وتحليل المشاعر، واستقراء تقييمات درجة رضا العملاء لكل تفاعل مع العميل.

تعد تحليلات تجربة العملاء أمرًا حاسمًا في تقييم المقاييس النوعية والكمية، حيث تقدم رؤى قيمة حول مشاركة العملاء ورضاهم وولائهم. ويعد التركيب العملي وسهولة الوصول وتحليل البيانات من الأمور الحيوية لاتخاذ القرارات الصائبة في الساحة الحالية التي تعتمد على البيانات. يمكن للمنظمات اكتساب رؤى أعمق حول سلوكيات العملاء الحديثة من خلال دمج أدوات تحليلات تجربة العملاء المناسبة. ويقوم الاعتراف بقياس تجربة العملاء كاستثمار بإنتاج عوائد كبيرة، لا سيما في عصر تحولت فيه الصناعات إلى سلع. كما تمتلك تأثيرًا كبيرًا على الربحية العالمية، مما يؤكد أهمية الاستفادة من تحليلات تجربة العملاء القوية والموثوقة لتشكيل تجارب عملاء مؤثرة.

يقوم McDonald's[39]، والمعروف بتنفيذه البارع لـ Tableau، بتوحيد البيانات من مختلف المصادر مثل معاملات البيع وملاحظات العملاء. ويتمكن القادة من تصور مؤشرات الأداء الرئيسية في الوقت الحقيقي، مما يؤثر على مجالات مثل تحسين القائمة والعروض

---

[39] Tableau.com: Data Drives McDonald's to a Better Customer Experience - 2023

الترويجية. يقوم تحليل Tableau بتمكين McDonald's من تفصيل الاستراتيجيات ببراعة، مما يعمل على تعزيز الرضا ويسهم في نمو الإيرادات. فلوحة المعلومات الخاصة ب Tableau حلت محل التقارير الثابتة للتحليل السريع. يعكس نجاح McDonald's مع Tableau قوة التحليلات المتقدمة في تحسين العمليات العالمية وتعزيز نهج مركزية العملاء. فتعمل تصورات Tableau المرئية على إتاحة البيانات للجميع، مما يمنح صناع القرار رؤى مباشرة.

إن تطور ذكاء الأعمال وأدوات التحليلات قد تحول بشكل جذري من من جداول البيانات البسيطة إلى تطبيقات متطورة مدعومة بالذكاء الاصطناعي وتعلم الآلة. سابقًا، كانت الأدوات مركزة على البيانات المهيكلة، مما يتطلب مهارات متخصصة للتعامل معها. ومع ذلك، فتتميز أدوات ذكاء الأعمال الحديثة بواجهات وتصورات بصرية بديهية، مما يعزز قابلية الوصول إليها بشكل كبير.وتشمل هذه الأدوات مكونات أساسية مثل مستودع البيانات، الذي يعمل كمستودع مركزي للبيانات التجارية الشاملة، وتحليلات البيانات لاستخراج الرؤى، وتصوير البيانات لتقديم تمثيلات بصرية. ويمكّن هذا التطور الشركات من فهم الرؤى بشكل أفضل واتخاذ قرارات مستنيرة.

.

الخاتمة

مع وصولنا لختام "الارتقاء بتجربة العملاء: مخططك نحو التميز في تجربة العملاء"، فهي ليست مجرد النهاية ولكنها بوابة لأفق جديد من الإمكانيات. على مدار هذه الصفحات، استكشفنا تعقيدات صياغة تجربة عملاء استثنائية ـ رحلة تتجاوز مجرد المعاملات البسيطة، مستفيدة من الابتكار التكنولوجي.

ما تحمله في طيات يدك ليس مجرد مخطط فحسب، ولكنه دليل نحو التحول. فالمبادئ والرؤى والأطر العملية التي تمت مشاركتها داخل هذه الفصول، هي حجر الأساس نحو نموذج مركزية العملاء الذي يتجاوز رضا العملاء ويتجه لتكوين عملاء مؤيدين، وحماسيين، ومؤثرين، وسفراء أوفياء لعلامتك التجارية.

تأمل للحظة في التحول الرقمي الذي حدث. من مرحلة الارتباك الأولي، انتقلنا معًا عبر متاهة التميز في تجربة العملاء (CX)، قمنا بحل تعقيداتها وكشفنا عن القوة التحولية التي تكمن فيها. فأنت لم تعد مجرد قارئ، بل أصبحت مهندس للتغيير، متسلح بأدوات التكنولوجيا لإعادة تشكيل كيفية اتصال علامتك التجارية بجمهورها.

الرحلة نحو التميز في تجربة العملاء ليست خالية من التحديات، ولكن بداخل هذه التحديات تكمن الفرص. فكل عميل غير راضٍ هو فرصة لإظهار التزامك بالحلول. وكل حلقة تغذية راجعة هي دعوة لتنقية ورفع مستوى الاستراتيجيات الخاصة بك. لذلك، أثناء تطبيق الدروس المستفادة، تذكر أن التميز في تجربة العملاء ليس وجهة نهائية بل مطلب مستمر.

ما ينتظرك الآن هو إدراك الرؤية حيث تصبح كل نقطة اتصال مع العميل فرصة للسعادة، حيث لا يُفترض ولاء العملاء ولكن يُكتسب من خلال تجارب استثنائية بشكل ثابت. فإن منظمتك على وشك أن تتجاوز المألوف، وأن تبرز كالمنارة في وسط سوق مزدحم بسبب خدمتها التي لا مثيل لها.

بينما تقلب الصفحة الأخيرة، تذكر أن هذه ليست النهاية وإنما البداية. فتعد المعرفة التي اكتسبتها حافزًا للتغيير، والتأثير الحقيقي يكمن في تطبيقها. الرحلة نحو التميّز في تجربة العملاء مستمرة؛ المستقبل بين يديك لتشكله كيفما شئت.

شكرًا لك لإئتمانك هذه الصفحات على استكشاف تجربة العملاء. أتمنى أن يكون سعيك نحو التميز مثمرًا بقدر التجارب التي تهدف إلى خلقها لعملائك.

حالة العمل: التخصيص على نطاق عالمي

التحدي

تسبب ظهور جائحة كوفيد-19 في ارتفاع عدد العملاء على المنصات الرقمية، مما زاد من توقعاتهم لتجارب مخصصة. وفي نفس الوقت، شهدت الساحة الإلكترونية تزايد في عدد المنافسين، مما زاد من تحديات الاحتفاظ بالعملاء وارتفاع تكاليف الاستحواذ.

يتوقف التخصيص الفعال على فهم شامل واستخدام فعال لبيانات العملاء. حيث توفر هذه البيانات رؤى وسياق وتحليلات لا تقدر بثمن، وأساسية لدفع نتائج العمل وتعزيز رضا العملاء. فبدون وجود بيانات سهلة الوصول وموثوقة، يظل التخصيص مجرد تعبير رنان. ومع ذلك، فقد أصبح التخصيص أداة لتحقيق أهداف العمل، بوجود البنية التحتية القوية للبيانات والمتاحة للفرق متعددة الوظائف،. ومن الجدير بالإشادة، أن رغبة العملاء متزايدة في تقديم البيانات، مقابل تحسين التجارب.

بالنسبة ل EverTech Solution[40]، يكمن التحدي الرئيسي في تحويل البيانات الخام إلى رؤى قابلة للتنفيذ وابتكار استراتيجيات إبداعية لتخصيص كل مرحلة من مراحل رحلة المستهلك. ويهدف هذا النهج إلى دعم نمو الأعمال، وزيادة معدلات الاستحواذ على العملاء والاحتفاظ بهم. وتيسير قابلية التوسع للأعمال والمساعي التسويقية.

---

[40] EverTech Solution is an anonymized designation for this use case to ensure company confidentiality

الحل

مع الإدراك بأن جزءًا كبيرًا من أعمال EverTech Solution ينبع من مجموعة محددة من العملاء، يصبح من الضروري إعطاء الأولوية للجهود التي تجذب هؤلاء العملاء ذوي القيمة العالية وتحتفظ بهم، بينما تقوم بتحديد جماهير مماثلة للتوسع. تظهر الاستفادة من التخصيص على نطاق واسع كاستراتيجية قوية لتحقيق هذه الأهداف.

من خلال تعاوني مع EverTech Solution، قمت بتحديد ثلاثة أركان أساسية ضرورية لتحقيق مبادرات تخصيص ناجحة على نطاق واسع: الوصول السلس إلى بيانات العملاء الموثوقة، والاستفادة الذكية من هذه البيانات، وأدوات التنشيط القوية لتنفيذ الاستراتيجيات المخصصة بفعالية.

ولمساعدة EverTech Solution في التنقل في هذه الساحة، قمت بتقييم البنية التحتية التكنولوجية الخاصة بها بشكل شامل، وخططت نموذج نضج مُنظَّم للتخصيص على نطاق واسع. وقد تضمن ذلك تنقيح حزم تكنولوجيا التسويق وتكنولوجيا الإعلان لتمكين استخدام البيانات في الوقت الفعلي، واستغلال الإمكانيات المتاحة في الذكاء الاصطناعي التسويقي، وتنسيق منصات التكنولوجيا لتنشيط الجمهور عبر مختلف القنوات الإلكترونية وفي المتاجر، وبذلك، تسهّل تفصيل رحلات العملاء.

النتائج

تُعتبر مبادرات التخصيص أساسية في توليد رؤى قيمة حول تفضيلات العملاء وسلوكياتهم واستجاباتهم لجهود التسويق. فمن خلال التحليل الدقيق لهذه البيانات، تكتسب الشركات فهمًا أعمق يمكنهم من خلاله اتخاذ قرارات استراتيجية تتعلق بالمبيعات والتسويق وتخصيص الموارد. لقد أصبح اتخاذ القرارات القائمة على البيانات أمرًا محوريًا. فمن خلال تيسير التحسينات المستمرة في العمليات التجارية واستراتيجيات التسويق، نجحت EverTech Solution في تحسين النتائج العامة وتعزيز الميزة التنافسية في السوق. إليك

بعض النتائج التي حققتها:

1. **حققت انخفاضًا بنسبة 30% في تكاليف الإعلانات** عن طريق الاستفادة من بيانات الطرف الأول، وتقييم الحسابات المستهدفة بدقة للحملات الإعلانية.

2. **زيادة ملحوظة بنسبة 40% في كفاءة دورة المبيعات** مما عجل من سرعة مسار المبيعات، كما زود فرق المبيعات بالعملاء المحتملين المرشحين للتحويل.

3. **تحسين مشاركة العملاء بنسبة 25%** عن طريق تحقيق أعلى معدلات تطابق للحسابات عبر القنوات، باستخدام الذكاء الاصطناعي التنبؤي ضمن إطار منصة جانب الطلب.

4. **حققت زيادة بنسبة 48% في معدلات تحويل العملاء المحتملين** من خلال توسيع جهود التخصيص عبر القنوات الشاملة، مما أدى إلى تقديم محتوى ملائم وفي الوقت المناسب وزيادة بنسبة 22.5٪ في نسبة النقر إلى الظهور.

5. **نجحت في تنشيط 100% من استراتيجيات إطلاق المنتج في السوق (GTM)**، مما أدى إلى تقليل الوقت المطلوب لتنفيذ حملات الإعلان التسويقي من أسابيع إلى مجرد بضعة أيام.

بنية تحتية تكنولوجية

إن تحقيق التخصيص على نطاق واسع يعتمد على تكوين حزم تكنولوجيا التسويق وتكنولوجيا الإعلان الجديدة مع ميزات محددة تدعم دورة حياة العميل. تقدم البنية التحتية التكنولوجية الجديدة رؤية شاملة للنظام البيئي الضروري لبرامج التخصيص القابلة للتوسع. تدمج EverTech Solution القدرات الأساسية بسلاسة لتحسين كفاءة الأعمال التجارية وتلبية توقعات العملاء في أي وقت وفي أي مكان. يضمن التوافق التشغيلي دمج الأدوات والشركاء بسلاسة في الأنظمة الأخرى للحصول على استراتيجية متكاملة، مما يتيح ما يلي:

1. **جمع البيانات:** جمع بيانات العملاء الشاملة من جميع نقاط الاتصال، سواء عبر الإنترنت أو خارجه، وتجميع مجموعة البيانات بأكملها. يقوم Sitecore ونظام إدارة

العلامات لـ Tealium بنقل البيانات إلى منصة بيانات العملاء الخاصة بـ Salesforce في الوقت الحقيقي، بما في ذلك معلومات الملف الشخصي للعميل، ومعاملاته، وسلوكياته، وتفاعلاته، مما يمكّن من اتخاذ قرارات مستنيرة وتقديم تجارب مخصصة.

2. **دقة الهوية:** تحل تقنية CDP مشاكل الهوية، عبر ربط البيانات ذات الصلة بالعميل الصحيح بدقة، مما يضمن موثوقية تسجيل المعاملات والتفاعلات.

3. **إنشاء ملف تعريف:** استخدام بيانات الطرف الأول لإنشاء ملفات تعريف العملاء المثاليين (ICPs) للحصول على رؤية شاملة للعميل، مع مراعاة تغير البيانات ومتطلبات العمل.

4. **الرؤى والتنبؤ:** استغلال الرؤى الفورية من ملفات تعريف العملاء والقدرات التنبؤية لـ Salesforce AI (Einstein) لتحليلات البيانات في الوقت الفعلي، وتغطية التفاعلات مع العلامة التجارية، والسلوكيات، والتفضيلات، وتوقعات الإيرادات.

5. **القطاعات والجماهير:** تصنيف بيانات ملفات التعريف إلى جماهير وقطاعات من أجل التحليلات والتسويق، يضمن دعم استعلامات SQL للمحللين وواجهة بصرية للمستخدمين التجاريين. يضمن التكامل مع الأنظمة الأخرى الإنقسام السلس.

6. **تنسيق البيانات:** تعمل Salesforce MC على تنسيق وتنشيط الجماهير في الوقت الفعلى عبر جميع القنوات مع ضمان الحيادية تجاه الشركاء والقنوات المتعددة للمرونة والرشاقة مع تطور الأعمال والتقنيات.

7. **علاقات العملاء:** تمكّن إدارة علاقات العملاء الخاصة بـ Salesforce Data Cloud فرق المبيعات من الحصول على بيانات العملاء المركزية، وتبسيط سير العمل، وأتمتة المهام لتخصيص استراتيجيات المبيعات. يقوم الدمج مع منصة التسويق القائم على الحساب لـ 6Sense بتعزيز تقييم الحسابات.

8. **التجربة والقياس:** تمكّن أنظمة بيانات العملاء المتكاملة من سرعة القياس والتعلم والتكرار مع استيعاب المشاركات والتفاعلات في الوقت الحقيقي لتوليد المقاييس على الفور وإجراء التعديلات الاستراتيجية.

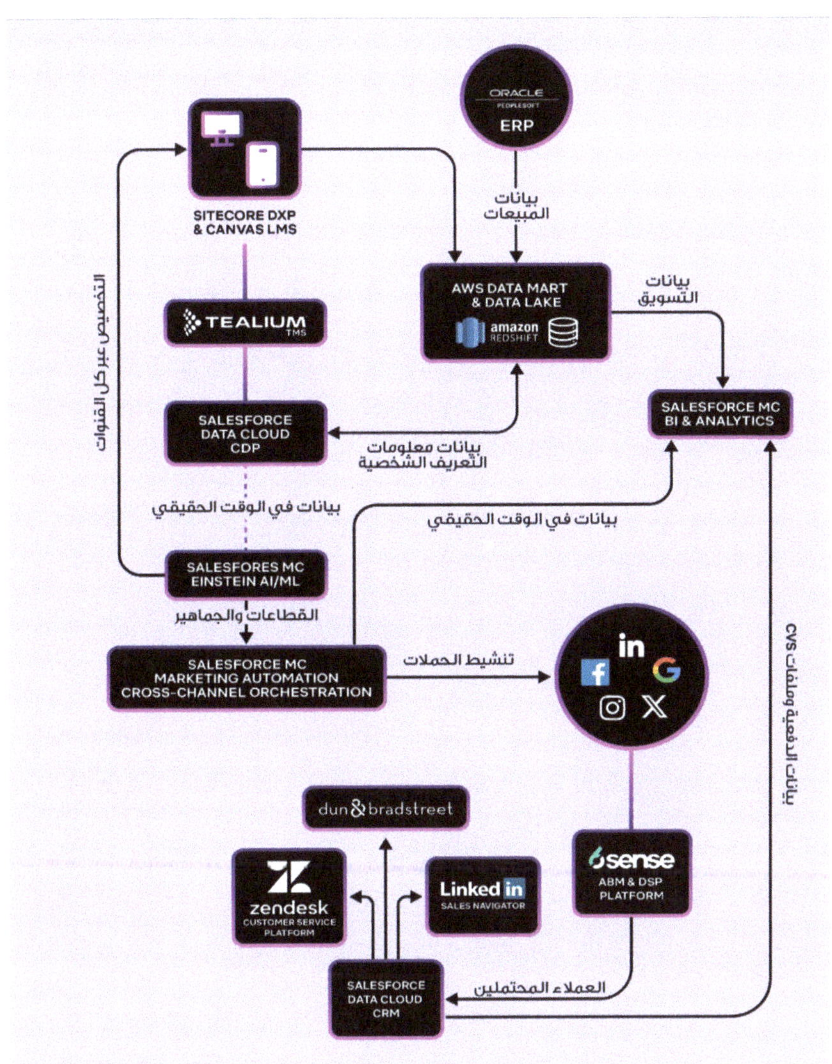

تكوين حزم تكنولوجيا التسويق وتكنولوجيا الإعلان

نموذج النضوج

مع التأسيس المتين للبنية التحتية التكنولوجية وإطار العمل، بما في ذلك دمج حزم تكنولوجيا التسويق وتكنولوجيا الإعلان، ومع تطبيق نهج استراتيجي للتخصيص على نطاق واسع، قد حان الوقت لتحديد أربع مراحل من النضوج. تشمل هذه المراحل درجات متفاوتة

من تطبيق التخصيص،بدءًا من الأساسي وحتى المتقدم،حيث تبشر كل مرحلة بنتائج قابلة للقياس. إن تحديد هذه المراحل الأربع يزود المنظمات ب خريطة طريق واضحة لتطوير مبادراتها في مجال التخصيص:

1. **القدرات الأساسية:** تعطي المنظمات الأولوية لإقامة قدرات أساسية ومطلوبة لنجاح مبادرات التخصيص. ويشمل ذلك تنفيذ عمليات جمع البيانات وإدارتها في الوقت الحقيقي، ودمج دقة الهوية لاستراتيجيات التقسيم، ونشر تكتيكات التخصيص الفعالة. فإن الهدف الرئيسي خلال هذه المرحلة هو ضمان أن بنية بيانات المنظمة جاهزة لدعم التجارب المخصصة باستخدام الذكاء الاصطناعي.

2. **دوافع الأعمال:** التخصيص هو أداة استراتيجية لتعزيز نتائج الأعمال الخاصة بمجال معين. من الضروري أن تكون المبادرات متماشية مع دوافع الأعمال الرئيسية لضمان أن الجهود تسهم بفعالية في تقدم أهداف الأعمال. تعمل المؤسسات على تعزيز التوافق والتعاون بين الفرق من خلال التركيز على الأهداف المشتركة، مما يدفع بالتقدم نحو الأهداف العامة.

3. **اللحظات المهمة:** يتمثل الحصول على أقصى قيمة للأعمال والعملاء في تحديد لحظات المستهلك الحرجة (ZMOTs) ذات التأثير الكبير. يمكن للمؤسسات تقليل التكاليف بفعالية، وزيادة الإيرادات، أو تبسيط تجارب العملاء من خلال تحديد هذه الرحلات المجهرية أو الأحداث الرئيسية. يمكّن نهج تخطيط المستهلك هذا من تعيين الموارد الاستراتيجية لتحقيق أقصى قدر من التأثير.

4. **النهج القائم على الرحلة:** تعتمد المنظمات الرائدة استراتيجية قائمة على الرحلة لتوسيع التخصيص. من خلال نموذج التشغيل المتوافق مع الرحلة، تتعاون الفرق المتعددة التخصصات في رحلات العملاء المميزة. يثبت هذا النهج التسويقي فعاليته بشكل أكبر عندما تتمتع المنظمات بدعم تنظيمي واسع لمعالجة الرحلات المعقدة والمتعددة الوظائف، ودمج البيانات والقنوات عبر الشركة.

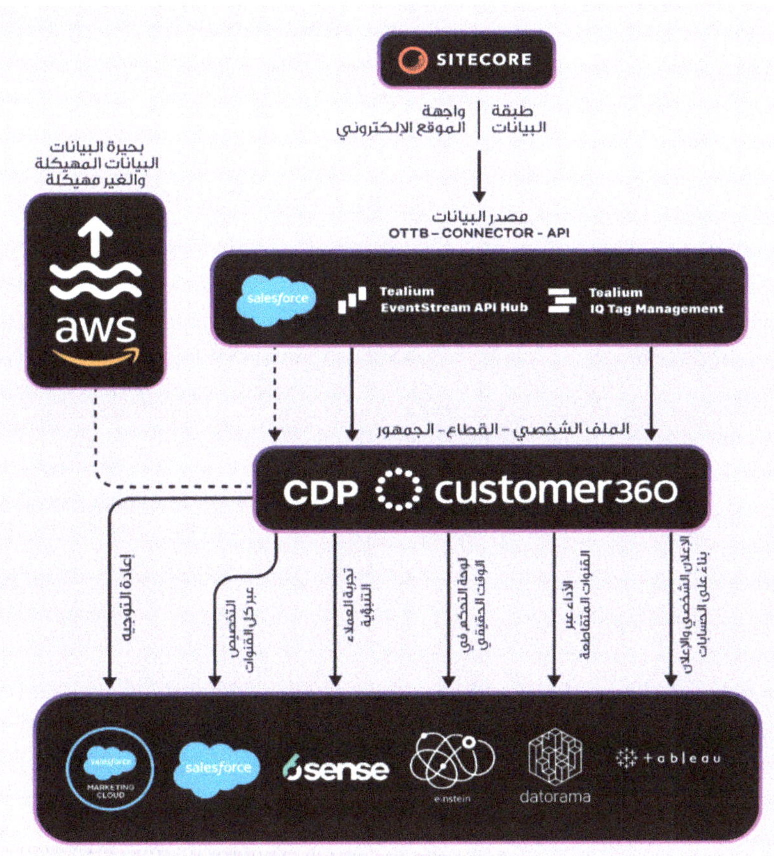

سير عمل التخصيص على نطاق واسع

المخاطر الشائعة

يدرك قادة الأعمال أهمية التخصيص في تحقيق الأهداف الاستراتيجية، مما يؤدي في كثير من الأحيان إلى التركيز على الانتصارات الفورية. ومع ذلك، في حين أن الانتصارات السريعة مفيدة، إلا أنها في بعض الأحيان يمكن أن تلقي بظلالها على نهجًا أكثر شمولية. فيما يلي بعض الأخطاء الشائعة التي يجب تجنبها:

1. **نهج مركزية القناة:** إعطاء الأولوية للنقرات والفتح على حساب مقاييس أعمق مثل ولاء العملاء قد يحد من قابلية التوسع. ينبغي على الشركات أن تعطي أولوية لفهم شرائح العملاء واستخدام التخصيص لتحسين مقاييس العمل الرئيسية.

2. **تجزئة البيانات:** يمكن أن تؤدي تجزئة البيانات إلى عدم التعرف على العملاء، وخصوصًا العملاء ذوى القيمة العالية. فتعد دقة الهوية ورؤية شاملة للعميل 360 درجة من الأمور الأساسية لنجاح جهود التخصيص.

3. **التنشيط أحادي القناة:** يتوقع العملاء تجارب سلسة عبر جميع القنوات. قد يؤدي تقييد جهود التخصيص إلى قناة واحدة فقط إلى التأثير على جزء صغير من العملاء. فتوسيع التخصيص عبر القنوات يزيد من الوصول والتأثير.

4. **تنقيح استراتيجية المحتوى:** على الرغم من أن إنشاء محتوى مخصص على نطاق واسع النطاق قد يبدو مرهقًا، إلا أن التركيز على العناصر الرئيسية مثل التوقيت والرسائل والقنوات يمكن أن يؤدي إلى تأثير كبير. إن استغلال السمات الحالية وإعطاء الأولوية للقطاعات القيمة يمكن أن يدفع بعملية التخصيص بفعالية وكفاءة.

5. **أتمتة التسويق بالذكاء الاصطناعي:** إن تنفيذ العمليات المؤتمتة يفتح باب الفرص للابتكار والتجارب السلسة. على سبيل المثال، إن تنسيق رحلات العملاء المخصصة يحسّن من تجربة العملاء ككل. ويسهل ترحيل البيانات المؤتمتة تنظيم الحملات المستهدفة، مما يزيد من كفاءة الوصول إلى العملاء.

التوصية

يعد إنشاء وتنفيذ استراتيجية متينة للتخصيص على نطاق واسع رحلة تحولية وتتطلب نهجا مدروسًا ونظاميًا. يجب على الشركات الشروع في هذه الرحلة من خلال اتخاذ خطوات تدريجية، واعتماد عقلية تجريبية، وتجنب الإغراء بالسعي وراء الكمال على حساب التقدم. يمكن للمنظمات تطوير وتقديم تجارب مخصصة تتفاعل بشكل حقيقي مع عملائها من خلال البدء بمبادرات متواضعة وتنقيح أساليبها باستمرار.

قاموس المصطلحات

حزمة تكنولوجيا الإعلان Ad Tech Stack تشير إلى استخدام التكنولوجيا لإدارة وتحسين تقديم الإعلانات واستهدافها وعرضها للجماهير المستهدفة.

الذكاء الاصطناعي AI يتضمن تطوير أنظمة الحاسوب بذكاء شبيه بذكاء البشر.

الواقع المعزز AR هو تراكب المعلومات الرقمية أو الأغراض المرئية على العالم الواقعي، مما يعزز من إدراك المستخدم وتفاعله مع بيئته من خلال أجهزة مثل الهواتف المحمولة والنظارات الذكية.

مركز الاتصال كخدمة CCaaS هو نموذج خدمة معتمد على السحابة يمد الشركات بالتكنولوجيا والأدوات لإنشاء مراكز الاتصال وإدارتها لدعم العملاء.

درجة رضا العميل CSAT يقيس درجة الرضا التي يشعر بها العملاء بعد تفاعلهم مع منتج أو خدمة.

درجة جهد العميل CES يقيس مستوى الجهد الذي يبذله العملاء لإنجاز مهمة ما أو حل مشكلة.

إدارة علاقات العملاء CRM يشير إلى نظام تكنولوجي تستخدمه الشركات لإدارة التفاعلات والعلاقات مع العملاء الحاليين والمحتملين.

إدارة نجاح العملاء CSM هي استراتيجية عمل تهدف إلى تحقيق أقصى قيمة للعميل والعمل على رضاه والاحتفاظ به.

تجربة العملاء CX تشير إلى الإدراك العام وتفاعل العميل مع العلامة التجارية أو العمل خلال رحلته، من الوعي الأولي إلى الدعم ما بعد الشراء.

منصة بيانات العملاء CDP تقدم حلول شاملة لجمع البيانات عبر القنوات من خلال حوكمة بيانات مبسطة وتأسيس رؤية موحدة للعملاء في الوقت الفعلي.

منصة جانب الطلب DSP هي منصة تكنولوجية يستخدمها المعلنون والوكالات لشراء مخزون إعلاني رقمي بطريقة مؤتمتة.

منصة التجربة الرقمية DXP هي المحور المركزي الذي يمكّن المسوقين من تقديم محتوى متماسك وجذاب للعملاء عبر مختلف القنوات والأجهزة.

الذكاء الاصطناعي التوليدي Generative AI يشير إلى أنظمة الذكاء الاصطناعي القادرة على إنتاج محتوى جديد، مثل النصوص أو الصور أو الموسيقى إنتاجًا أصليًا وليس مستنسخًا مباشرة من أمثلة موجودة بالفعل.

ملف تعريف العميل المثالي ICP هو وصف مفصّل لنوع العميل الذي يحصل على أقصى قيمة من منتجات الشركة أو خدماتها، مما يوجه جهود المبيعات.

إنترنت الأشياء IoT يشير إلى الأجهزة المتصلة ببعضها البعض والتي تحتوي على أجهزة استشعار وبرمجيات وتقنيات أخرى تمكّنها من تبادل البيانات مع الأنظمة الخارجية.

المجيب الصوتي التفاعلي IVR هو نظام اتصال مؤتمت يتفاعل مع المتصلين ويوجه المكالمات إلى المستلم باستخدام مدخلات الصوت أو لوحة المفاتيح.

حزمة تكنولوجيا التسويق MarTech Stack يشير إلى استخدام التكنولوجيا والبرمجيات لدعم أنشطة التسويق وأتمتة العمليات، وتحليل البيانات لتحسين التسويق.

النموذج اللغوي الكبير LLM يشير إلى نماذج الذكاء الاصطناعي المعقدة، مثل GPT-3، المصممة لمعالجة وتوليد النصوص كالبشر، بناءًا على كميات هائلة من البيانات.

تعلم الآلة ML هي جزء من الذكاء الاصطناعي يركز على الخوارزميات التي تمكّن أجهزة

الكمبيوتر من التعلم والتحسن من خلال البيانات.

لغة تعلم الآلة، التعلم العميق MLL يمثل التعلم العميق جزءًا من تعلم الآلة الذي يوظف الشبكات العصبية لحل المشكلات المعقدة.

مركز التسويق متعدد القنوات MMH هو منصة مصممة لتبسيط وتسريع عملية تنشيط البيانات، مما يعزز تجارب العملاء عبر عدة قنوات في نفس الوقت.

معالجة اللغة الطبيعية NLP تسهل التواصل بين البشر وأجهزة الكمبيوتر من خلال اللغة.

إدارة علاقات العملاء المدعومة بالذكاء الاصطناعي Powered AI CRM تستفيد من قدرات الذكاء الاصطناعي لتعزيز عمليات إدارة علاقات العملاء، لتحسين تفاعلات العملاء وتحفيز نمو الأعمال التجارية.

أداة ذكاء الأعمال المدعومة بالذكاء الاصطناعي Powered AI BI Tool تستخدم الذكاء الاصطناعي لتحليل البيانات التجارية وتفسيرها، وتوفير رؤى قيمة لتحسين عملية اتخاذ القرار، وتعزيز كفاءة المنظمة ونجاحها.

سحابة تسويق SFMC Salesforce هي منصة توفر مجموعة من أدوات وخدمات التسويق الرقمية مصممة لمساعدة الشركات في إدارة وتحسين جهود التسويق عبر مختلف القنوات مثل البريد الإلكتروني ووسائل التواصل الاجتماعي والهواتف المحمولة والويب والإعلانات.

سكرم SCRUM يشير إلى إطار معين يستخدم في إدارة المشاريع الرشيقة. يتميز بنهجه التكراري والتدريجي في تطوير البرمجيات، حيث يتم تقسيم العمل إلى فترات تكرارية قصيرة وثابتة المدة تسمى "سبرنتس" Sprints.

ميتافيرس Metaverse يشير إلى مساحة افتراضية مشتركة تم إنشاؤها بواسطة تلاقي الواقع الافتراضي، والواقع المعزز، والإنترنت، حيث يمكن للمستخدمين التفاعل مع البيئات

الرقمية والمستخدمين الآخرين في الوقت الحقيقي.

لحظة الصفر للحقيقة ZMOT مصطلح اخترعته جوجل Google، يمثل اللحظة الحرجة في عملية اتخاذ القرار لدى المستهلك قبل "اللحظة الأولى للحقيقة" التقليدية، حيث يرى المستهلك المنتج على رف المتجر.

الواقع الإفتراضي VR يغمر المستخدمين في بيئة رقمية بالكامل، ويحاكي تجربة حسية واقعية من خلال سماعات الرأس أو الأجهزة المتخصصة، مما يتيح التفاعل والاستكشاف داخل العوالم الافتراضية.

<h1 style="text-align:center">المؤلف</h1>

فرانك أردويل: قائد وتقني صاحب رؤية في التسويق الرقمي | خبير في تجربة العملاء وتكنولوجيا التسويق | مؤلف | أستاذ جامعي | مناصر للذكاء الاصطناعي وتعلم الآلة الموقع: كاليفورنيا، الولايات المتحدة الأمريكية

فرانك استشاري معروف في التسويق والتكنولوجيا وأستاذ متميز في جامعة سانتا كلارا في كاليفورنيا، حيث تمتد مسيرته المهنية لأكثر من ثلاثة عقود. ويُعترف به لتأثيره العميق على التحول الرقمي وتكنولوجيا التسويق وتكنولوجيا الإعلان، حيث أظهر فرانك خبرة استثنائية في الأسواق العالمية مثل الولايات المتحدة وأوروبا والشرق الأوسط وشمال أفريقيا وآسيا والمحيط الهادئ، وقادر على التفوق في قطاعات التجارة بين الشركة والعميل (B2C) والتجارة بين الشركات (B2B). وتشمل رحلته المهنية مساهمات ملحوظة لعمالقة قائمة فورتشن Fortune 500 500 مثل إتش بي HP، وويلز فارجو Wells Fargo، يونايتد إيرلاينز United Airlines، جي إي كابيتال GE Capital، وإنتويت Intuit، وشركات ناشئة رائدة مثل إدوز EduZ، وثراسيو Thrasio، وزينيو Zinio، ويوداسيتي Udacity، ودي.إن.إن DNN، وأوتلاير Outlyer.

يعد فرانك خبيرًا في تكنولوجيا التسويق وتكنولوجيا الإعلان، ويحتفى به لعقليته الإبداعية والاستراتيجية والمبتكرة. ويترسخ نهجه في الاستراتيجيات القائمة على البيانات والتكنولوجيا أولا، بهدف دفع التحولات الرقمية التي تتماشى مع مطالب المستهلكين وتعزيز نمو

الإيرادات. يعمل فرانك كداعم ملتزم للتميز، متحمسًا لتحدي معايير التسويق التقليدية في الساحة الديناميكية لمركزية العملاء. فهو يمكّن المنظمات من تحويل تحديات التسويق إلى فرص نمو من خلال استغلال تكنولوجيا الذكاء الاصطناعي وتعلم الآلة.

فرانك فرنسيًا ألأصل، حيث بدأ مسيرته المهنية قبل انتقاله إلى الولايات المتحدة الأمريكية عام 1999، فقد شكّلت خلفيته الدولية وخبراته الغنية متعددة الثقافات نظرته للعالم، وأثرت بشكل كبير رحلته المهنية.

تواصل مع فرانك على لينكد ان LinkedIn: Franck Ardourel